Liliane Spandl (Hg.)

Um die Ecke gebracht

Liliane Spandl

Um die Ecke gebracht

Kurzkrimis und andere Geschichten und Gedichte

ODENWALD-VERLAG

ISBN 978-3-9814840-6-9

Nalsbachring 11, 64853 Otzberg
Telefon-/Fax-Nr. 06162 71899
E-Mail: kontakt@odenwald-verlag.de
Internet: www.odenwald-verlag.de

Satz, Layout, Lektorat:
Odenwald-Verlag

Druck und Verarbeitung:
KM-Druck, Groß-Umstadt

Vorwort

Für die Redewendung *Um die Ecke bringen* gibt es mehrere Erklärungen. Eine besagt, dass im Mittelalter Räuber ihre Opfer nicht auf offener Straße ausraubten, sondern sie in abgelegene Seitenstraßen »geleiteten«, wo sie ihr Handwerk ungestört ausüben konnten.

Eine weitere Deutung geht auf das Wort Ecke oder Eck zurück, das das scharfe Ende einer Stichwaffe bezeichnet. Man brachte also das Opfer um die Ecke, nämlich um die Klinge herum, mit meist tödlichem Ausgang.

Der Ausdruck »umbringen« ist übrigens eine verschleiernde Verkürzung, die in unseren Sprachgebrauch eingeflossen ist, um das Wort »töten« zu vermeiden.

In diesem Band mit Kriminal- und anderen Geschichten, aber auch Gedichten, wird das Thema vielfältig variiert – dem Genre entsprechend meist mit tödlichem Ausgang.

Auf die unterschiedlichsten Weisen werden die Opfer *um die Ecke* gebracht: aus Habgier, Eifersucht, verletzter Eitelkeit, Rache. Manchmal ist es auch nur ein Unfall, oder es sieht danach aus. Es wird auch, vor allem in Gedichten, mit dem Bild, der Vorstellung dieser Redensart gespielt, die wir im Alltag gern ironisch benutzen, wenn wir tatsächlich jemanden ein Stück Weges begleiten, ihn oder sie *um die Ecke* bringen, nicht selten sogar zu deren Schutz.

Falls es Ihnen bei der einen oder anderen Geschichte nicht so ganz geheuer ist, denken Sie daran: sie sind alle der Fantasie der Autorinnen und Autoren entsprungen, die Mörder befinden sich in deren Köpfen in Sicherheitsverwahrung ...

Liliane Spandl
Herausgeberin

Inhalt Seite

Ulf Ragnar Berlin

Hammergeschichte

Herr Humpelmeier war überrascht, als ihm ein Hammer auf den Kopf fiel. Er lag bäuchlings am Boden und sabberte Blut auf den Asphalt. »Verdammter Mist!«, dachte er, »jetzt hab ich doch nix von der Rente.« Dann hörte er auf zu denken.

Vermutlich hätte es Herrn Mölmer, den Besitzer des Hammers, interessiert zu erfahren, dass sein Hammer nicht etwa von einem Kollegen verschlampt, sondern von ihm selbst auf dem Dach des Hauses vergessen worden war, auf dem er zuletzt gearbeitet hatte. Doch angesichts der Situation wäre es ihm wohl recht gewesen, keine Ahnung zu haben, wo der Hammer steckte: nämlich im Kopf eines toten Rentners.

Kurze Zeit später kam ein junger Mann vorbei. Mit Stöpseln in den Ohren und beständig auf sein I-Phone glotzend, stolperte er über die Leiche, fiel ungünstig und brach sich das Genick. Er starb mit einem Fluch auf den Lippen und dem I-Phone in der Fresse.

Dann kam Simone Schulz um die Ecke gerannt, die ihren Bus erwischen musste. Leider war sie zu schnell, um noch abzubremsen. Sie fiel über den toten I-Phone-Besitzer und landete so mit dem Gesicht auf Herrn Humpelmeiers Kopf, dass ihr der Stiel des Hammers das rechte Auge ins Hirn drückte. Statt ihren Bus zu erwischen, hatte es Simone Schulz selbst erwischt, denn sie war augenblicklich tot.

Als endlich der Streifenwaagen, der Krankenwagen, der Leichenwagen und der Pressewagen eintrafen, hatte sich die Horde Schaulustiger nicht nur ein Bild, sondern auch gleich mehrere Filme von der Szenerie gemacht und angefangen, diese im Internet zu verbreiten. Während die Polizei noch vergeblich herumrätselte, hatte die Presse die drei Leichen schon längst zum Ergebnis eines Beziehungsdramas erklärt. Demnach sollten sich Herr Humpelmeier und der I-Phone-Besitzer im Streit um Simone Schulz gegenseitig umgebracht haben, die sich natürlich aus Gram in den Hammerstiel gestürzt hatte. Die Polizei rätselte noch etwas weiter und ließ anschließend den Fall als ungelöst in den Akten und den Hammer in einer Schublade verschwinden.

Sehr viel später landete der Hammer im Müll, aus dem er von einem Müllmann herausgefischt wurde, um ihn auf dem Flohmarkt zu verkaufen. Dort wurde der Hammer zufällig von Herrn Mölmer wiederentdeckt, der mittlerweile selbst in Rente war. Herr Mölmer kaufte den Hammer und fuhr damit nach Hause.

Als eine junge Frau mit Stöpseln in den Ohren und auf ihr I-Phone glotzend die Straße überquerte, musste Herr Mölmer so scharf bremsen, dass der Wagen ins Schleudern geriet und sich um hundertachtzig Grad drehte. Der Hammer wurde dabei nach vorne geschleudert, durchbrach die Windschutzscheibe und auch die des nächsten Autos, dessen Fahrer er den Schädel zertrümmerte. Da Tote schlechte Autofahrer sind, krachten die beiden Wagen ineinander. Herr Mölmer wurde zwischen den Trümmern zermalmt und starb Blut kotzend.

Harald geht in Rente

Harald packte seine Brotbox in die Tasche, schnürte sich die Schuhe zu, ergriff die Tasche, öffnete die Tür und ließ die Tasche wieder fallen, als ihm einfiel, dass er seit gestern Rentner war. Es hatte einen großen Umtrunk mit der ganzen Belegschaft gegeben. Man hatte ihm einen Wandteller mit den eingebrannten Namen seiner Kollegen überreicht, der Abteilungsleiter hatte ihm sogar die Hand geschüttelt und ihm einen angenehmen Ruhestand gewünscht und von überall her wurden ihm nachträgliche Glückwünsche hinterhergeworfen: »Alles Gute zum 67sten, Harald!«

Und das war's. Die letzten 22 Jahre seines Lebens hatte er in dieser Firma zugebracht und nun setzte man ihn einfach vor die Tür und schloss hinter ihm ab. Zum ersten Mal seit Jahren hatte er den ganzen Vormittag Zeit für sich. Und das galt auch für den Nachmittag und für den Abend, für den ganzen verdammten Tag und alle Tage, bis ans Ende aller Tage, die ihm noch blieben.

Aber was sollte Harald mit all der Zeit nun anfangen? Er hatte keine Hobbys, dafür hatte es früher kaum Gelegenheit gegeben und wenn, war er zu müde dafür. Er könnte ein Buch lesen, aber für ein ganzes Buch fehlte ihm die Geduld und die Zeitung hatte er schon beim Frühstück überflogen. Es hatten dieselben Altigkeiten wie in den letzten 40 Jahren drin gestanden, nur mit anderen Namen und Gesichtern. Langweilig!

Also tat Harald, was er immer machte, wenn er nach Hause kam und seine Freizeit einläutete: Er schaltete den

Fernseher ein. Nachdem er eine Weile durch die Kanäle gezappt und für einen Moment bei einer großbusigen Moderatorin hängen geblieben war, schaltete er die Kiste wieder aus und warf die Fernbedienung auf die Couch. Vormittags war das Programm ja noch gräßlicher als Abends! Zum Kotzen! Wie, um Himmels Willen, sollte man denn da einen ganzen Tag rum kriegen, wenn man absolut gar nichts zu tun hatte?

Nachdem er in seiner Wohnung einige Minuten auf und ab getigert war, stieß der frisch gebackene Ruheständler das Fester auf und starrte nach draußen auf die Straße hinunter. Vielleicht bot sich ja hier etwas Interessantes.

Er musste gar nicht lange warten, bis auch schon ein Auto etwas zu schnell in die Straße einbog und mit einem Vorderreifen auf dem Bürgersteig und beiden Hinterreifen auf dem Asphalt in einer Parklücke zum Stehen kam, sodass dem Vor- und Hinterwagen nur je dreißig Zentimeter Manövrierabstand blieben. Heraus stieg ein junger Mann mit Vollbart und Batschkapp.

»Na, so eine Frechheit!«, dachte sich Harald. »Dir werd‘ ich das Parken schon beibringen, Sohnemann!«

Und da fing er auch schon an zu krakeelen, ganz aufgehend in der Rolle des zu Recht aufgebrachten Bürgers. Der Autofahrer war jedoch auch nicht auf die Fresse gefallen und schrie gleich zurück:

»Jetz‘ mache Se ma‘ nich‘ so 'n Krach, sonst ruf ich die Polizei!«

Harald glotzte verdattert. Hatte ihm der Kerl auch noch seine Geheimwaffe aus dem Mund gerissen und gegen ihn selbst gerichtet? Ohne ein weiteres Wort schloss er das Fenster. Sich öffentlich aufzuregen machte anscheinend auch nicht mehr soviel Spaß wie zu Großvaters Zeiten. Aber was sollte er jetzt tun, wo es doch gar nichts zu tun gab und ihm hier drin die Wände auf den Kopf fielen, oder wie auch immer man das nannte?

Er wusste mit sich selbst absolut nichts anzufangen. Letztendlich hielt es ihn nicht mehr länger in seiner Wohnung, und Harald beschloss einen Spaziergang zu machen und in den Stadtpark zu gehen. So etwas tat man doch, wenn man alt war, oder? Man setzte sich irgendwo auf eine Bank und war einfach alt.

Die Bank war recht bequem und die Sonne strahlte wie in einem Kitschfilm. Es hätte wirklich angenehm hier draußen sein können, wenn nicht jedes Mal, wenn er seine Brotbox öffnete, gleich eine ganze Taubenschar aufgeflogen wäre und ihn aufdringlich umgurrt hätte. Außerdem schissen die Viecher überall hin, nicht nur hier, sondern auch am Bahnhof, in der Innenstadt, den Wohnsiedlungen und an praktisch allen öffentlichen Plätzen. Alles, wirklich alles war guanogesprenkelt. Und dann gab es auch noch Idioten, die diese gefiederte Plage fütterten! Als ihm schließlich einer der Vögel auf die Jacke kackte, wurde es Harald zu viel.

Er sprang wild um sich schlagend auf und ging; jedoch nicht ohne im Vorbeigehen noch ein junges Pärchen anzuschnauzen, das nichts besseres zu tun hatte, als den Tauben Brotkrumen zuzuwerfen. Es wurde wirklich Zeit, dass jemand etwas gegen dieses Ungeziefer unternahm, fand Harald. Und wenn sich die Stadt nicht darum kümmerte, würde er das wohl selbst tun müssen.

Am nächsten Tag saß Harald auf der selben Bank wie am Vortag und fütterte nun selbst die Tauben. Er hatte extra für diese Gelegenheit zum ersten Mal in seinem Leben ein Brot gebacken und dabei das Rezept um das alte Rattengift ergänzt, das schon seit Jahren sinnlos in seinem Keller herumlag.

Nun saß Harald also auf seiner Bank, damit beschäftigt, wie ein netter alter Herr auszusehen und sich jedes Mal wie ein Kind zu freuen, wenn eine der Tauben seine Brotkrumen aufpickte, an dem der dumme Vogel hoffentlich bald verreckte.

Schon nach wenigen Tagen stellte Harald mit Befriedigung fest, dass es deutlich weniger Tauben gab. Sogar die Zeitung schrieb darüber und stellte Mutmaßungen über die Ursache an.

Mittlerweile hatte er es sich zur Gewohnheit gemacht, jeden Tag in den Park zu gehen, und seine Zeitung mit denselben neuen Altigkeiten dort zu lesen und vielleicht noch ein paar Täubchen zu vergiften.

Doch mit der Zeit begann ihn auch das wieder zu langweilen und er fiel in seine alte brummige Stimmung zurück. Die Welt um ihn schien ihm wieder zu laut, zu dreckig, zu unordentlich zu sein und ging ihm ganz einfach auf den alten Sack. Besonders gingen ihm aber diese kleinen Kläffer und Misttölen auf den besagten Sack, die von ihren Herrchen und Frauchen in den Park geschleppt wurden, um sich dort mal ordentlich auszukacken und ihn mit lautem Gebell und Gebalg, Jaulen und Winseln in den Wahnsinn zu treiben.

Kurzum: Harald hatte einen neuen Gegner und er

nahm den Kampf auf. Die Hunde zu vergiften war noch einfacher als bei den Tauben. Er musste einfach nur ein bisschen Rattengift unter Hackfleisch mischen und kleine Häufchen davon in den Büschen verstecken oder wie zufällig auf dem Weg zu seiner Bank fallen lassen, und das Hundeproblem löste sich fast von alleine.

Dieses Mal überschlugen sich die Medien geradezu mit Berichten. Es entstanden Diskussionsrunden, und Expertenmeinungen gaben sich die Klinke in die Hand. Tierschutzvereine, Hundehalter, Kindergärten et cetera versammelten sich, um gegen das Versagen der Behörden in diesem Fall zu demonstrieren. Wen kümmerten schon ein paar tote Tauben?

Doch wenn einige Schoßhündchen das Näpfchen abgaben, dann stand die ganze Stadt auf dem Kopf. Aber auch das ging vorbei und die Leute brachten ihre Hunde einfach in einen anderen Park zum Kacken.

Und Harald konnte wieder in Ruhe auf seiner Bank sitzen, Zeitung lesen und alt sein. Oder zumindest hätte er das gekonnt, wenn da nicht diese dummen Kinder wären, die mit ihrem Fußballgespiele die Grasnarbe zerstörten und mit ihren Rollerblades, Fahrrädern, Rollern und weiß der Teufel was noch, friedliche alte Leute wie Harald fast über den Haufen fuhren und dabei einen Lärm machten, als gelte es einen Bombenangriff nachzuahmen. Gab es denn niemanden, der dem Einhalt gebot und diese Bälger wieder zur Räson brachte? Natürlich nicht! Also blieb es wieder mal an Harald hängen. Aber er konnte doch nicht …

Harald wurde ganz heiß in der Brust und ihm schwitzten die Hände vor Freude, als er an die Möglichkeiten dachte, die sich ihm boten. Klar, es war unmoralisch. Einige würden sogar so weit gehen, es als Verbrechen zu bezeichnen. Aber andorernorts beklagte man sich über Überbevölkerung, Hungersnöte und so 'n Scheiß. Letzten Endes war es doch nur für einen guten Zweck: für Ruhe und Frieden in der Welt. Er musste ja nicht unbedingt alle töten. Wenn man auf ein paar Spatzen schoss, flog der Rest des Schwarms davon. Was also sollte falsch daran sein? Es war praktisch Erziehung. Und außerdem brauchte jeder ein Hobby, oder etwa nicht?

Diesmal kostete es Harald wesentlich mehr Mühe, den Köder vorzubereiten. Er konnte den kleinen Rackern ja wohl schlecht rohes Hackfleisch oder gar Trockenbrot anbieten, obwohl es unter anderen Umständen wesentlich gesünder für sie gewesen wäre. Statt dessen suchte und fand er ein Rezept für selbstgemachte Pralinen. Die würden die Radaukinder schon fressen. Und da er selber ein Süßmaul war und es der Plan verlangte, dass er ihnen einen vorfraß, machte er gleich zwei Portionen; eine mit Nüsschen obendrauf und eine mit Spezialfüllung innen drin.

Als der freundliche alte Herr wieder im Park erschien, hatte er eine Blechdose mit schokoladig duftenden Pralinen bei sich, die er mit Genuss schaukaute. Und wenn ein Junge oder ein Mädchen oder eine ganze Horde Kinder ohne schützenden Vormund vorbeikam, dann bot er ihnen mit zuvorkommender Freundlichkeit an, sich an den Pralinen zu bedienen und winkte ihnen noch grinsend hinterher. Freut euch nur auf den Nachgeschmack, meine Süßen.

Am übernächsten Morgen plätscherte Regen im 45-Grad-Winkel auf die Gassen nieder und Harald machte es sich mit einer Kanne Beuteltee zuhause gemütlich.

Da klingelte es an der Tür. Harald schmiss die Zeitung auf den Teppich und murmelte etwas von »nie hat mein seine Ruhe« und »Sauwetter!« vor sich hin, als er in den Flur stapfte und die Tür aufsperrte. Draußen standen ein Bulle und eine Bulette, oder eine Bullerina oder wie auch immer man Frauen in Polizeiuniform nennen mochte.

»Guten Tag, sind Sie Herr Carl Harald Denkmann?«, fragte der Bulle und hielt ihm seinen Polizeiausweis unter die Nase. Harald nickte freundlich:

»Aber natürlich, steht doch draußen an der Tür.«

»Wir ermitteln wegen einer Serie von Giftanschlägen«, sagte die Bullerina. »Sie haben doch sicher von den toten Tauben und Hunden gehört? So wie's aussieht, haben es der oder die Täter jetzt auch auf Kinder und Jugendliche abgesehen.«

»Oh mein Gott!«, rief Harald, um blankes Entsetzen bemüht. »Ist etwas passiert?«

»Wenn nichts passiert wäre, würden wir wohl kaum auf ihrer Matte stehen, Herr Denkmann«, meinte der Bulle trocken und seine Kollegin ergänzte: »Einige Kinder sind gestern mit Vergiftungserscheinungen in die Klinik eingeliefert worden, Herr Denkmann. So wie 's aussieht, haben alle am Vortag Süßigkeiten von einem älteren Herrn im Stadtpark angenommen.«

»Ach ja?«, fragte Harald.

»Bitte nehmen Sie das nicht persönlich«, ergriff der

Polizist erneut das Wort, »aber wir müssen allen Hinweisen nachgehen. Und da Sie offenbar ein regelmäßiger Besucher des Parks sind ... Dürfen wir uns in Ihrer Wohnung kurz umsehen?«

Der Tonfall machte deutlich, dass das keine Bitte war, sondern eine Feststellung. »Natürlich, selbstverständlich«, beeilte sich Harald zu sagen und trat beiseite.

»Natürlich können Sie auch eine Zeugenaussage machen, wenn Sie möchten«, bot die Polizistin im Vorbeigehen an. Harald schloss die Tür und hastete an seinen ungebetenen Gästen vorbei.

»Bitte entschuldigen Sie die Unordnung«, bat er, als er die Zeitung auflas. »Ich habe mir gerade eine Kanne Tee gemacht. Möchten Sie eine Tasse? Warten Sie, ich hole welche!«

Damit eilte der alte Mann aus dem Wohnzimmer und ließ die Beamten allein zurück. Als Harald ins Zimmer zurückkehrte, saßen sich die beiden Rindviecher auf Couch und Sofa schräg gegenüber. Harald balancierte auf einer Hand ein Tablett mit zwei Tassen, einem Milchkännchen und einem Zuckerdöschen, während die andere hinter seinem Rücken das Hackebeil aus der Küche verborgen hielt. Als er in die Hocke ging, um vorsichtig das Tablett auf dem Tisch abzusetzen, lehnte er das Beil seitlich gegen die Couch.

»Bitte, bedienen Sie sich nur!«, bot er an und ließ sich neben der Bullerina in die Couch sinken. Während sich die beiden einschenkten, verwickelte Harald sie in ein Gespräch über die mysteriösen Vergiftungen und wie krank jemand doch sein musste, um so etwas überhaupt und dann auch noch bei Kindern fertig zu bringen. Es fiel ihm nicht weiter schwer, den freundlichen, etwas dümmlich-senilen Rentner dabei zu mimen, denn dass hatte er ja in den letzten Wochen zur Genüge praktiziert.

Die Beamten waren beide noch jung, wohl frisch von der Polizeischule in den Dienst entlassen und hatten noch nicht gelernt, Klischees zu misstrauen oder gar ein Gespräch in eine bestimmte Richtung zu lenken, statt sich lenken zu lassen. Harald hingegen hatte keine Mühe damit und wurde auch nicht müde, immer wieder nachzuschenken und freute sich über jeden Löffel Zucker, den sich die beiden in ihren Tee rührten, weil sie meinten, dass das einfach so sein müsse. Sie hatten das Thema Giftmorde schon hinter sich gelassen, als der Bulle plötzlich ganz käsig um die Nase wurde, sich nach vorne beugte und erbrach.

»Ach, herrje!«, rief Harald und sprang auf.

»Marcel, Marcel, alles okay?!«, fragte die Polizistin besorgt und beugte sich über ihren Kollegen, der Tisch und Teppich mit Brechfladen pflasterte.

So kam es für beide völlig überraschend, dass der liebenswerte alte Rentner plötzlich den Teekessel auf Marcels Kopf zerschmetterte. Die Polizistin sah entsetzt zu Harald auf, doch noch ehe sie auch nur schreien konnte, biss ihr das Beil mit der Klinge ins Gesicht und hackte ihr eine tiefe Kerbe ins Gehirn, dass das Blut hoch aufspritze und die Tapete befleckte.

Zack! Zack! Ein weiterer Knochen zerspellte und war bereit für den großen Sack.

Harald stand in seiner kleinen Küche, schlürfte eine Tasse Tee und ließ immer mal wieder sein Beil auf die Gebeine niedersausen. Zack! Zack! Er hatte die Leichen gehäutet und ausgenommen, die Innereien durch den Fleischwolf gejagt und das Fleisch selbst, so weit wie möglich, von den Knochen gelöst und zu Steaks und Schnitzeln zurecht geschnitten, eingetütet und alles in die Tiefkühltruhe verfrachtet. Das einzige Problem waren die Knochen. Wenn er wenigstens einen richtigen Ofen hätte, könnte er sie einfach verbrennen. Aber so blieb ihm nichts anderes, als sie so klein wie möglich gehackt in Tütchen zu verpacken und in den Mülleimern der Stadt verschwinden zu lassen.

Auch für das Fleisch musste er sich noch etwas einfallen lassen. Er konnte ja wohl kaum alles alleine essen, ehe es verdarb.

Vielleicht würde ihm die Dönerbude um die Ecke etwas davon abkaufen. Und den Rest könnte er den Tafeln spenden. Aber wenn er schon mal dabei war, die Stadt von unnützem Gesocks zu befreien, dann sollte er bei der Gelegenheit vielleicht auch noch etwas von dem Rattengift darunter mischen, fand Harald.

Er sah auf und lächelte; es war schön, ein Hobby zu haben.

Klaus Brunn

Enten im Nebel

Tamara nahm die Fotos entgegen, die Böde ihr über den Tisch reichte. Beinahe desinteressiert betrachtete sie die Bilder. Wie die anderen lag auch dieser Tote bäuchlings auf dem Boden. Ein Messer war durch seinen Nacken gedrückt, hatte ihn sozusagen am Boden festgepinnt.

»Des is jetzt schon de vierde in dem Johr«, polterte Böde, »mir kenne doch de Herrngadde iwwer Nacht net absperrn. Obwohl, manchmal wär's besser.«

Tamara grinste. Dieser Dialekt, irgendwie putzig. »Warum heißt der eigentlich Herrengarten?«

»Des haaßt Herrngadde. Awwer des wern Se aach noch lerne. Warum der so haaßt, waaß ich net. Vielleicht weil die Männer do drin ihr Unwese treiwe.«

Angewidert nickte er zu den Fotos in ihrer Hand. »Auf welche Weis aach immer. Es hot mol Zeide gewwe, do wor es Schlimmste am Herrngadde em Datterich sei bleed Gebabbel.«

»Kennen Sie den Herrn?«, Tamara runzelte die Stirn, hatte nicht viel verstanden, konnte nur vermuten, dass »Gebabbel« nichts mit Kaugummiblasen zu tun hatte.

»Ach Mädche« – er ignorierte den tadelnden Blick seiner neuen Kollegin, »de Datterich, des is ...«

Die Tür wurde aufgerissen, Hauser steckte den Kopf herein.

»Auf, zum Chef. Partsch ist im Anmarsch. Wie zu vernehmen, will er den Herrengarten schließen lassen.«

Tamara sah zu Böde, dann zu Hauser: »Das heißt Herrgarten. Richtig?« Böde verdrehte die Augen, zog seine Jacke an und folgte Hauser.

Schon vier durch. Tamara fuhr aus dem Bett. Verdammt, sie hatte verschlafen. Schläfrig tastete sie sich ans Fenster voran und schaute hinaus. Wenn es denn etwas zu sehen gegeben hätte. »Was für eine Suppe!« Alles was war, war dicker Nebel, zäh und qualmdick. Und sie müsste schon fast auf der Arbeit sein. Zum Glück war es von ihr aus nicht weit zum Ersten Revier in die Bismarckstraße. Eigentlich brauchte sie noch nicht mal die Straße zu wechseln. Aber sie liebte es, jeden Morgen, egal bei welchem Wetter, zu joggen und der Westeingang zum Herrngarten war gleich in ihrer Nähe.

»Sie mache was?«, hatte Böde sie angestarrt, »uff so was kann aach nur e Fraa kumme.«

Ihr hatte bezüglich seines zunehmenden Leibesumfangs etwas auf den Lippen gelegen, es aber unterlassen.

Über die Frankfurter Straße und rein in diesen Männergarten. Mal links am Teich herum, mal rechts herum. Sie hoffte nur, dass sie sich heute in dem Nebel nicht verirrte, aber sie lief die Strecke nun seit gut zwei Monaten und hatte einen guten Orientierungssinn.

Sie stieg in ihre Laufschuhe, Kapuze auf, Handschuhe nicht vergessen und raus in das Nebelgespinst. Die Sichtweite konnte man allenfalls in Nasenlängen messen. Ihre Phantasie produzierte bizarrste Gebilde: Laternen wurden zu Tentakeln, ein angekettetes Metallskelett entpuppte sich als Fahrrad und der an der Hauswand lauernde Troll war nur eine Mülltonne.

Als sie vor dem Tor stand, traf sie der Schlag. Wie hatte sie das vergessen können: Das Tor war geschlossen worden, sowie auch die beiden Seitenflügel. Wo hatte sie nur ihren Kopf? Sie war doch bei der Besprechung mit dem Oberbürgermeister dabei gewesen. Smartes Kerlchen. So jemand sollte nicht in die Politik gehen.

Am Eisentor war mit einer Drahtschlaufe ein Pappschild festgebunden. Mühsam konnte sie im trüben Licht lesen, was auf der Bekanntmachung der besorgten Polizei an die lieben Bürger stand. Auf das »besorgt« hatte sie bestanden. Käme besser bei den Leuten an, was ihr ein Lächeln des Stadtchefs eingebracht hatte. Der Park sei zu meiden, stand da, bis der »Nackenstecher« gefasst sei. Nackenstecher? Das klang nach Böde. Hat der sie noch alle? So löst der eine japanische Godzillapanik aus.

Auf jeden Fall würde sie nun zu spät zur Arbeit kommen. Vielleicht sollte sie auf ihre Runden verzichten. Nix da, dachte sie, ich hatte schon keinen Kaffee. Wütend trat sie gegen das Gittertor. Sie konnte einen Überraschungspfiff nicht vermeiden, als das Tor mit einem klagenden Quietschen aufschwang. Holla, dachte sie, ihr müsst auch abschließen, wenn ihr die Bestie besiegen wollt.

Beinahe andächtig betrat sie den im Nebel versunkenen Park. Ein beklemmendes Schauspiel bot sich ihr. Der Nebel glich einer mächtigen Felswand und die Bäume erinnerten an darin lauernde Urzeitechsen. Zum

Glück wusste sie, wohin sie zu gehen hatte. Das Tor am Willy-Brand-Platz würde zwar geschlossen sein, aber notfalls kletterte sie über die Mauer. Erschrocken hielt sie inne und lauschte. Ein verräterisches Quietschen war zu hören. Da betrat doch tatsächlich jemand gleich nach ihr den Park!

Sie überlegte nicht lange, verließ den Weg und tastete sich über das rutschige Gras durch den Nebel. Rechtzeitig blieb sie stehen und erinnerte sich an den in der Nähe befindlichen Teich. Sie drehte sich um, was sinnlos war, denn erkennen konnte sie nichts. Das sich nähernde Schlurfen jedoch war nicht zu überhören.

Rückwärts laufend fasste sie nach hinten, fischte im wahrsten Sinne im Trüben. Eigentlich hätte sie zurückgehen und den Park verlassen sollen. Aber so wäre sie mit Gewissheit demjenigen direkt in die Arme gelaufen. Oder derjenigen – wer weiß!

Wie auch immer, Schritte näherten sich und brachen jäh ab. Sie wusste, was das bedeutete: Ihr Verfolger hatte nun ebenfalls den Rasen betreten. Also streckte sie die Hände zur Abwehr nun nach vorne, lief weiter rückwärts, um die herankommende Bedrohung erkennen zu können.

Und dann – der Tritt ins Leere! Allein ihren heftigen Ruderbewegungen war es zu verdanken, dass nur ihr rechtes Bein in der kalten Brühe des Teiches versank. Noch unangenehmer war, als ihre linke Hand in eine übel riechende Masse platschte. Sofort erwachte alles um sie herum zum Leben. Hier ein Aufkreischen, dort über die Wasseroberfläche flappende Flügel, gefolgt von einem aufgescheuchten Wuseln. Nur Enten, dachte sie.

Mit Sicherheit hatte sie die Aufmerksamkeit ihres Verfolgers auf sich gezogen. Regungslos blieb sie liegen, horchte und zog sachte das nasse Bein aus dem brackigen Wasser. Sie wischte die verschmierte Hand so gut es ging am Gras ab und huschte nach rechts um die Gebüschgruppe und befand sich gleich wieder auf dem asphaltierten Weg, der parallel zur Frankfurter Straße verlief. Allerdings konnte sie dort nicht bleiben, wie ihr die beharrlich näher kommenden Schritte verrieten.

War das nicht ein Schemen, etwa fünf Meter vor ihr? Obwohl es ihr schwer fiel, hielt sie still. Holz knackte und wieder huschte etwas um sie herum. Sie musste vom Weg runter. Also ging sie notgedrungen wieder zurück auf den Rasen, Richtung Teich, doch diesmal passte sie besser auf. Zur Sicherheit blieb sie noch eine Weile stehen und war nun sicher, dass sie es nicht rechtzeitig zur Arbeit schaffte. Aber *zu spät* hin, *zu spät* her, irgendwann musste sie weiter und so hoffte sie, dass der Unbekannte, dessen Absichten sie sich gar nicht vorzustellen wagte, ihr nicht durch den Nebel folgen würde.

So gut es eben ging, lief sie weiter rückwärts. Ob ihr Augen hinten viel genutzt hätten, wusste sie nicht; Tatsache war, ihr Verfolger hatte sie reingelegt. Doch diese Erkenntnis kam zu spät, als sich ihr ein spitzer Gegenstand mit Nachdruck in den Nacken bohrte. Sie hob beide Hände, schloss die Augen und dachte gar nicht daran, sich dem Schicksal zu fügen. Blitzschnell fuhr sie herum und wollte ihren Gegner fassen, der genau hinter ihr stehen musste. Zeitgleich mit ihrem spitzen Schrei und dem schabenden Reißen auf ihrer Stirn wurde ihr klar, dass sie sich von einem herabhängenden Ast hatte überlisten lassen. Blut lief ihr über die Augen und verwandelte den Nebel kurzzeitig in einen roten Schleier. Als sie dann auch noch die verkehrte Hand zum Abwischen benutze und ihr ein treffliches »Verdammte Scheiße« entfuhr, brauchte sie sich nicht wundern, ihren Verfolger wieder heraneilen zu hören.

Und schon glaubte sie den Schemen zu erkennen, verlor abermals den Halt und landete auf ihrem Hintern. Halb gebückt, auf allen Vieren krabbelnd, erreichte sie torkelnd und außer Atem einen Baum. Dort kam sie etwas zur Ruhe, aber auch zu der Überzeugung, das Ganze war zu einer Jagd geworden und sie die Beute.

Ein lautes Knacken sagte ihr, dass die Schonzeit zu Ende war, sie zusehen sollte, ihrem Jäger zu entkommen. Sie erstarrte, als sich plötzlich jemand oder *etwas* von links mit einem Kreischen näherte. Ein eiskalter Draht schien sich durch ihre Wirbelsäule zu ziehen und da sie sich in der Hocke befand, verlor sie den Halt und kippte zur Seite. Ein monströser Schatten flog heran, blähte sich auf und schickte sich an, sie zu verschlingen. Instinktiv hob sie die Hände.

Nun war es alles nur eine Frage der Phantasie, was man aus einer erschrockenen Ente machte. Auch diese wird den Anblick der Frau nicht vergessen, der sie über den Brustkorb watschelte. Keinen Pieps gab sie von sich, was ihr wohl den Kopf rettete.

Sie trieb sich zur Eile an; lief auf der Nordseite des Teiches die abschüssige Wiese hinauf und stand endlich wieder auf festem Boden. Von der Frankfurter Straße hörte sie die erste Straßenbahn und sie musste zusehen, von hier zu verschwinden. Schon hörte sie von rechts verräterische Schritte. Verflucht, ihr Verfolger hatte ihr den Weg zum Ausgang abgeschnitten, kam auf sie zu.

Da fiel ihr ein, dass es nicht weit zum Herrngartencafé war. Gleich daneben stand doch dieser halbrunde Pavillon. Dort würde sie hinlaufen, würde sich verstecken, ihren Verfolger erwarten. Geduckt lief sie durch das Rund. Links tauchten Tische und Stühle wie altes Treibgut aus einer stillen See empor. Verflucht, beinahe wäre sie gegen einen der runden Eisenträger des Pavillons gelaufen.

Links, oder rechts? Rechts. Da hatte sie den Eingang besser im Blick. Obwohl mit Blick eben nicht viel war. Sie lauschte und zog sich hinter den Pavillon zurück. Es stank nach Urin. Herrngarten? Die sollten den Park Harngarten nennen. Ihr Herz klopfte und sie versuchte ihren Atem zu kontrollieren.

Sie war im Vorteil, hatte aber keine Ahnung, ob ihr Verfolger noch hinter ihr her war. Wenn ja, musste er jeden Moment hier auftauchen. Und sie musste sich vorwerfen, die Lage nicht im Griff zu haben. Bist du Polizistin oder Politesse, schalt sie sich selbst. Trotz des Nebels schien ihr Verfolger ständig zu wissen, wo sie hinlief. Das bedeutete auch, dass sie nicht mehr die Möglichkeit hatte, unerkannt zu fliehen, wäre sie ihrem Verfolger in die Arme gelaufen.

Wie zur Bestätigung hörte sie das Knirschen seiner auf dem Kies aufsetzenden Schuhe. Näher kamen sie.

Und näher. Schon erkannte sie die Umrisse. Ein Hüne. Er stand mit dem Rücken zu ihr, bewegte sich nicht von der Stelle. Kein Zweifel, sie musste handeln. Und was, sie erstarrte zur Eissäule, was, wenn er sich ebenfalls hier verstecken wollte? Etwas an seiner Körperhaltung verriet ihr, dass sie richtig vermutete. Also setzte sie sich in Bewegung. Jetzt ging es nicht nur um ihre Arbeit, ihr Leben stand auf dem Spiel. Auf Zehenspitzen schlich sie vorwärts, hatte nur eine vage Vorstellung von dem, was sie tun sollte. Je näher sie der Gestalt kam, umso bewusster wurde ihr, in welcher Gefahr sie sich die ganze Zeit befunden hatte. Sie stand nur noch ein paar Meter hinter ihm und sah, wie er den Kopf hob. In seiner rechten Hand blitzte etwas Metallisches. Jetzt erkannte sie Details seiner Kleidung. Mein Gott, dachte sie – sie hatte also die ganze Zeit richtig vermutet. Als sie laut hörbar aufatmete, fuhr die Gestalt herum, ging in Kampfstellung und war bereit, zuzuschlagen. Doch schnell entspannte er sich, schnaufte sie beinahe verächtlich an: »Heilich Marieche, wos dun Sie dann um die Uhrzeit hier. Mol widder jogge, was? Und des als Fraa, wo mer doch de Herrngadde extra geschlosse hawwe?«

Jetzt hör sich den einer an. Als Frau? Sie wusste nicht, ob Böde es noch mitbekam, wie sie gelenkig aus dem Stand sprang, um ihn mit einem Tritt in die Magengrube niederzustrecken. Wie verdutzt er sie anglotzte! Für einen Moment tat er ihr leid. Aber sie war wütend, ließ ihre ganze Anspannung heraus, packte den auf dem Bauch Liegenden an den Haaren und legte seinen Nacken frei. Dabei murmelte sie vor sich hin, was ihm einfallen würde, wo dies doch ihr Arbeitsplatz sei. Nun sei sie gezwungen, sich einen neuen zu suchen.

Dann setzte sie das Messer an, trat es mit Wucht durch den Nacken und hörte, wie es sich auf der anderen Seite in den Kies bohrte. Sie beugte sich nach vorne, wartete bis sein leises Röcheln verebbte. Eilig zog sie sich in den Nebel zurück. Sie hatte schließlich noch einen anderen Job, und sie hasste es, unpünktlich zu sein.

Alex Dreppec

Kompostierte Scheine

Ich nahm es zunächst nicht ernst, als Kosanke sich wieder einmal mit mir treffen wollte, um mir von einer Idee zu berichten. Dieser herzliche, harmlose Spinner war mit seinem Job bei der städtischen Kompostierungsanlage unzufrieden, weshalb er ständig auf der Suche nach einer zündenden Idee war, die ihn in die Lage versetzen sollte, diesen Job aufzugeben. Er war Epileptiker und bat deshalb unter anderem gelegentlich darum, gefahren zu werden, obwohl er eine Fahrerlaubnis besaß. So kam ich ins Spiel. Er befürchtete, dass ihn am Steuer doch einmal einer seiner seltenen Anfälle ereilen würde, aus Erfahrung besonders dann, wenn er sich zuvor aufgeregt hatte, gleich ob positiv oder negativ.

»Stell dir vor, jetzt, wo der Euro bald einziges Zahlungsmittel ist, wird ein Teil der alten Geldscheine bei uns kompostiert«, fing er an, nachdem wir uns in unserer Stammkneipe begrüßt und in eine Ecke gesetzt hatten. »Das kam ganz plötzlich. Und wir zerhäckseln die Scheine auch unter Aufsicht eines Bundesbankfritzen. *Eines* Bundesbankfritzen.«

Ich begriff: »Und Du willst einen Haufen davon unzerhäckselt beiseite schaffen und umtauschen.«

Er erwiderte: »Genau. Wir werden zwar kontrolliert, wenn wir rausgehen, aber ich kann dafür sorgen, dass unzerstörte Bündel auf dem Kompost landen. Ich stehe an einer Häckselmaschine. Alles, was ich tun muss, ist Bündel auf der Zugangsseite herausnehmen und rasch um die Ecke auf die andere Seite befördern. In einem unbeobachteten Moment. Wir müssen dann nur noch nachts den Kompost durchwühlen und die Scheine abholen.«

Ich fragte: »Und was, wenn bemerkt wird, dass ganze Scheine auf dem Kompost liegen? Wird das Ganze nicht noch einmal gesiebt oder so etwas?«

Es sprudelte aus ihm heraus: »Nein, das ist ja das Ding! Im Grunde sind die total unvorsichtig. Und ich habe seit Tagen beobachtet, an welcher Stelle in dem Container etwas liegen muss, damit es nach dem Auskippen nicht oben landet. Ich habe zum Test einfach Gurkenschalen und so etwas hineingeworfen. War gar nicht so einfach, das zu organisieren. Der Container muss etwa zu einem Drittel voll sein und die Scheine müssen in der vorderen Mitte liegen. Dann klappt es immer.«

Er blickte mich triumphierend an und fuhr fort: »Außerdem: der Gabelstaplerfahrer sagt doch nichts, wenn er ein Bündel Scheine liegen sieht! Der steckt das doch ein!«

Ich fragte noch einmal nach: »Ist denn die Anlage nachts nicht gesichert?"

»Es gibt eine Alarmanlage im Bürogebäude, aber außen – nein! Sie liefern uns immer nur so viele Scheine, wie wir am selben Tag zerhäckseln können. Und was soll man sonst schon aus einer Kompostierungsanlage stehlen können? Kompost etwa?« Er lachte und redete weiter: »Rundherum: ein hoher Zaun. Über den können wir ohne große Probleme klettern. Kein Nachtwächter. Auch in der Nachbarschaft ist nichts los. Der Kompost stinkt, man hat die Anlage damals so platziert, dass es keine direkten Nachbarn gibt. Da ist nur die Autobahn, von der aus kann man die Anlage sehen. Wir dürfen also kein Licht machen.«

»Das heißt, wir müssten bei Dunkelheit den Kompost durchwühlen«, sagte ich.

»Richtig«, sagte er, »aber ich kann beobachten, wo die Container mit den Scheinen ausgeleert werden und mir das ungefähr merken.«

Der gefährlichere Part schien derjenige von Kosanke zu sein. Wenn etwas schiefgehen würde, dann wohl in dem Moment, in dem er die unzerstörten Scheine in den Container mit den Häckseln befördern würde oder in dem Moment, in dem dieser ausgeleert wurde. Er war nicht der Typ, der einen Freund ohne Not verraten würde. Ich kannte ihn und wusste, ich würde ihn ohnehin nicht von seinem Vorhaben abhalten können. Ich versuchte es, um mein Gewissen zu beruhigen: »Glaub mal nicht, dass die das locker sehen, wenn sie dich oder uns erwischen«, sagte ich.

»Wir tun doch niemandem was«, erwiderte Kosanke.

»Egal, wenn du jemanden fahrlässig umbringst, kommst du vielleicht besser weg, wir leben unter einem Besitzstrafrecht und das ist ein Kapitelverbrechen«, gab ich zu bedenken.

Kosanke schwieg für einen Moment. »Und es bringt entsprechend Kapital«, sagte er dann grinsend. Ich beschloss mitzumachen.

Am Abend des nächsten Tages holte Kosanke mich ab. Es hatte alles funktioniert, er war sehr aufgeregt. Ich war etwas erleichtert zu hören, dass er nur einen Container mit Scheinen gespickt hatte. »Es dürfte trotzdem eine ganz schöne Summe sein«, sagte er.

Wir warteten bis halb zwei Uhr nachts, dann brachen wir auf. Es würde genügend Zeit bis zum Morgengrauen bleiben, denn es war Spätherbst, die Nächte waren lang und kalt. Um beweglich zu bleiben, hatten wir uns nicht allzu warm angezogen. Wir näherten uns der Kompostierungsanlage nur bis auf etwa fünfhundert Meter mit dem Auto, dann liefen wir durch die Dunkelheit. Auf der Seite der Anlage, die von der Autobahn aus am schlechtesten zu sehen war, kletterten wir über den Zaun. Es war beinahe Neumond, man konnte kaum die Hand vor Augen sehen. Nur die entfernte Autobahnbeleuchtung sorgte für etwas Helligkeit.

Die Landschaft aus Biomüll war von einem leichten Nebel überzogen, der in Schwaden aus dem warmen, moderden Untergrund stieg. Kosanke war der Ansicht, dass der Nebel alleine uns nicht genug Deckung bot, wir duckten uns daher bei jedem vorbeifahrenden Auto. Die sporadisch über die am Rande einer Linkskurve liegende Anlage streifenden Autoscheinwerfer konnten wir so nicht zur Orientierung in der Dunkelheit nutzen.

Nach einer Weile erreichten wir den Ort, an dem laut Kosanke der Container mit den Scheinen ausgeleert worden war. Wir fingen an, im Kompost zu wühlen und zunächst die Ladungen normalen Biomülls abzutragen, die bereits über den zerhäckselten Scheinen ausgeleert worden waren. Der bröckelige, dampfende Brei stank in allen Facetten – einmal glaubte ich Katzenstreu zu erkennen. Mit den Handschuhen, die ich anhatte, hatte ich kaum ein Gefühl für das, was ich durchwühlte. Ich musste sie ausziehen.

Bei vorbeifahrenden Autos duckte ich mich, so tief ich konnte. Dabei kam meine Hose mehrfach in Berührung mit dem Kompost, was mir anfangs noch unangenehm war. Schließlich kniete ich mich hinein und wühlte mit bloßen Händen. Ich fand nichts, die Hände wurden mir klamm. Zum Aufwärmen hineinpusten wollte ich nicht wegen des Drecks, also schob ich sie ab und zu tief hinein in Müll, dahin, wo die Moderwärme an manchen Stellen deutlich spürbar war.

Nach etwa einer halben Stunde hörte ich einen erstickten Schrei von Kosanke, der wenige Meter neben mir im Kompost wühlte. Ich rief nach ihm. Er reagierte nicht. Ich horchte: es war völlig still. Ich rief nochmals, mit dem gleichen Ergebnis. Panik stieg in mir auf: was würde ich mit ihm anstellen, wenn er jetzt einen epileptischen Anfall hätte und ich ihn nicht aus der Anlage würde hinaus transportieren können? Ich sah mich schon neben ihm sitzen und ihm das Gesicht mit kaltem Kompostmatsch einreiben. Ich stand auf und lief in die Richtung, in der ich ihn vermutete.

Ich fiel über ihn, der im Dunkeln kauerte, und landete mit dem Gesicht im Kompost. Ohne aufzustehen, drehte ich mich zu ihm und rüttelte an ihm. Ein leises, aber lauter werdendes, rhythmisches und zischendes Geräusch kam aus seinem Mund.

Als ein Autoscheinwerfer ihm ins Gesicht leuchtete, erkannte ich es als Lachen. Er hielt mir ein Bündel Geldscheine hin und sagte: »Das kippt dich aus den Latschen, wa?« Ich fluchte.

»Auf, weiter! Es wird jetzt schneller gehen, die anderen müssen auch hier in dem Bereich liegen«, sagte er. Ich wühlte weiter. Es dauerte wenige weitere Minuten, und auch ich wurde fündig. Kosanke sagte: »Elf Bündel, es wäre gut, wenn wir sie alle finden.«

Ich fand kurz hintereinander zwei weitere Bündel und stopfte sie, nass und stinkend, wie sie waren, in die Innentasche meiner Jacke. Leise fragte ich Kosanke: »Meinst du, wir kriegen die Scheine sauber?«

»Na ja, zum Umtauschen wird es schon reichen, sie sind auch nicht alle so feucht«, sagte er. Mittlerweile warf ich mich ebenso wie Kosanke schon einfach komplett in den Kompost, wenn ein Auto nahte.

Zwischenzeitlich fanden wir lange nichts. Schließlich rief Kosanke «Das Sechste.« Damit hatten wir zusammen neun. Ich wühlte weiter und fand das zehnte Bündel. Jetzt erst bemerkte ich, dass der Himmel sich langsam etwas aufhellte.

»Wir gehen«, rief Kosanke. Ich fragte, was nun mit Nummer elf sei. »Wird schon niemand finden, und wenn – lassen wir doch den anderen armen Würstchen auch was übrig«, sagte er. Wir klopften uns die Kleider etwas ab, damit wir keine Dreckspuren an dem Zaun hinterlassen würden, über den wir anschließend wieder kletterten.

Wir stanken und boten einen erbärmlichen Anblick. Aber niemand sah uns. »Wir sehen wirklich Mitleid erregend aus«, sagte Kosanke und klopfte sich lachend auf die mit Geldbündeln gefüllten Taschen.

Wo ist Frost?

Gerber ließ seinen Blick über den mittlerweile vor lauter Menschen unübersichtlichen Messestand wandern: immer noch keine Spur von Frost. Nirgends war sein grauer Schopf zu erkennen.

Er versuchte sich zu erinnern: sie waren nicht zu einer bestimmten Zeit hier verabredet gewesen. Trotzdem, spätestens jetzt hätte Frost da sein müssen. Sein Handy war ausgeschaltet, das war es jedoch immer, wenn er am Steuer saß. Vielleicht stand er irgendwo im Stau.

Um Gerber herum aßen die Menschen gierig die dargereichten Häppchen. An vielen Messeständen gab es um diese Zeit etwas zu essen. Die hier versammelte Menschenmenge sprach dafür, dass das Essen an diesem Stand ein Erfolg war.

»Messedienst und Messebesuch machen hungrig«, sprach Jüttner, ein Kollege vom Stand, Gerber an, »Ich meine, auch dann, wenn man gar nicht groß herumläuft und sich nur die Beine in den Bauch steht. Irgendwie zehrt das aus. Ich habe mich immer gefragt: wieso eigentlich?«

Gerber brummelte etwas Ausweichendes und blickte angestrengt in eine andere Richtung. Jüttner war in seinen Augen ein kleiner Emporkömmling, der seinen Erfolg als Immobilienmakler ohne jeden Ansatz von fachgerechter Ausbildung lediglich dem Umstand verdankte, dass es tatsächlich Leute gab, die noch dämlicher waren als er und die deshalb sein hohles Geschwätz nicht als solches erkannten. Außerdem: Kollegialität war eine Sache, aber man musste sich ja nicht unbedingt mit jedem Konkurrenten anfreunden.

Jüttner ließ sich nicht abschütteln: »Aber, wirklich köstlich!« Er zeigte auf den Stand mit den Häppchen und hielt Gerber seinen Teller unter die Nase. Er fragte: »Sie haben das organisiert, nicht wahr?«

»Ja, mit Herrn Frost zusammen«, erwiderte Gerber.

»Das denkt man gar nicht wenn man es hört: heiße Blutwurst mit Kartoffelstückchen in Blätterteig«, sagte Jüttner.

»Es sollte etwas Regionales sein und doch exquisit«, erwiderte Gerber. »

Köstlich«, sagte Jüttner und biss in eines der Blätterteigröllchen, die er auf seinem Teller gestapelt hatte. Kauend sprach er weiter: »Regional und ekschkwisit«. Beim letzten Wort spuckte er. Er schob Essensreste mit dem Finger in seinen Mund zurück und redete weiter: »Und das da, das ist der Metzger selbst, Metzger Grundmann, richtig?«

Er zeigte auf den Stand, an dem das Essen von einem wuchtigen, kahlköpfigen Mann ausgegeben wurde. Gerber bejahte.

Jüttner fragte: »Der hat sich hier engagieren lassen, obwohl Ihr Büro ihm den Boden unterm Hintern weg verkauft hat?«

»Er war da sehr souverän, es scheint ihm kaum etwas auszumachen«, erwiderte Gerber. »Wir sind ja deswegen ursprünglich mit ihm in Kontakt gekommen. Ihn hierfür zu engagieren war eine Art Friedensangebot von Frost, glaube ich.«

»Erstaunlich«, sagte Jüttner kauend. Dann unterbrach er Kauen und Reden und fasste sich mit den Fingern in den Mund. Gerber sah sich um: glücklicherweise schien niemand ihn und diesen Rüpel zu beachten.

»Oh«, sagte Jüttner jetzt und zog ein graues Haar aus seinem Mund. »Na, kann mal passieren«, sagte er dann und schnickte es auf den Boden zwischen die Füße der anderen Besucher des Messestandes.

Das bekam nun doch jemand mit: Kleinstück, ein weiterer Standkollege und anders als Gerber und Jüttner Bediensteter der Stadt, die Schirmherrin des Gemeinschaftsstandes auf dieser Immobilienmesse war.

Kleinstück kannte Jüttner, warf Gerber einen vielsagenden Blick zu und mischte sich lachend ein: »Oder ist das Haar vielleicht doch die Rache des Metzgers?«

Gerber widersprach: »Nein, der war wirklich die ganze Zeit über sehr freundlich, er sagte auch, dass er sich sowieso bald zur Ruhe setzen wollte. Vorgestern Abend waren wir noch bei ihm und er hat uns alles gezeigt. Das heißt, zeigen wollen, mir war das mit der Blutwurstherstellung zu eklig, ich bin dann nachhause. Frost hat sich noch über mich lustig gemacht.«

»Ja, der alte Frost, immer spöttisch, vor allem zu seinen Untergebenen. Man hört, Sie seien so eine Art Kronprinz und übernehmen demnächst das Büro«, fragte Kleinstück.

»Langsam, langsam, demnächst ist übertrieben. Mal sehen, wann Frost wirklich das Zepter aus der Hand gibt«, erwiderte Gerber.

»Na, den Metzger müssen Sie jedenfalls wieder engagieren, wenn Sie der Big Boss sind«, sprach Jüttner.

»In drei Tagen bespreche ich bereits das nächste Catering mit dem Mann«, sagte Gerber.

Kleinstück fragte »Wo ist Frost eigentlich?« Er nahm sich eines der ihm von Jüttner angebotenen Teigröllchen.

»Keine Ahnung, ich wundere mich auch«, sprach Gerber. Er griff sich ein Röllchen von Jüttners Teller.

»Vielleicht hält er sich selbst nicht so an seine eigenen Lehren, von wegen Pünktlichkeit und so«, vermutete Kleinstück.

»Manchmal denke ich, dass ich selbst das eine oder andere von ihm mehr verinnerlicht habe als er selbst«, sagte Gerber und biss in eines der köstlichen Teigröllchen, dessen Füllung der Metzger aus lauter ausgesuchten regionalen Zutaten komponiert hatte. Darunter auch die körperlichen Überreste des von ihm anlässlich der Besichtigung der Metzgerei gleich nach Gerbers Aufbruch erschlagenen Herrn Frost.

Eisenstange

Wo Feindseligkeit die Blicke trübt,
Der Schädelknochen Gefängnis wird,
Wo Pupillen wie Raster das Licht zerschneiden
Und der Horizont bis zum Gitter reicht

Rotieren die Daumen in kleinen Kreisen
Im vorgeschnittenen, rostfreien Alltag,
Sortiert und vergisst man jegliches Außen,
Dreht man unten nach oben und wäscht es nie

Ist mal etwas anders und passt nicht ins Raster
Dann kommt es zum Ausbruch,
doch bricht nicht das Gitter
Es löst sich daraus nur die Eisenstange
Mit der man zerschmettert, was anders ist

Wie mir meine Liebe zu Wortspielen zum Verhängnis wurde

Verlaufen während einer Walking-Runde:
ich irrte durch den Wald zur Geisterstunde.
Bei einer Lichtung hörte ich im Laufen
ein Klirren wie von Ketten und ein Schnaufen.
Grausig war, was ich dann dort erblickte:
ein Skelett, das sich mit Schippenschwung anschickte,
im Walde sich sein eig'nes Grab zu graben.
Ist man Skelett, will man das alles wohl so haben.
Um das Skelett aus der Reserve nun zu locken,
dachte ich, ein netter Spruch käm' knochentrocken:
»Nach meinem Wissen«, sprach ich so zu dem Toten,
»ist Skeletten Knochenarbeit doch verboten!«
Das Skelett sah auf und legte seinen Kiefer
kaum merklich ein ganz kleines bisschen schiefer.
Es sprach: »Du hattest keine gute Kinderstube«,
und schubste mich dann schlicht in seine Grube.
Ich rief: »OK! Ich will ja hier nicht motzen.
Aber Dein Benimm ist echt zum Knochen kotzen!
Und: Geripptes ist doch out, hörst Du, Gerippe?«
Da erschlug mich das Skelett mit seiner Schippe.

Die Gewaltbereitschaft berufstätiger Frauen gegenüber Männern nimmt zu

Fragst Du, warum man die Postangestellte
zum Absitzen hier in die Anstalt bestellte,
sag ich: sie erschlug halt recht kalt 'nen Verehrer
und zwar hinterrücks und mit dem Briefbeschwerer.

Die Bestattungsunternehmerin linkerhand,
von den Wächtern gern als »Witwerengel« benannt,
hat sich das Vertrau'n vieler Witwer erschlichen,
die unterm Strich allesamt schlicht bald verblichen.

Die Pfarrerin hinten hat gleich nach der Predigt
mit dem Kruzifix Priester beschädigt, erledigt.
Aus Rache für ihre katholischen Schwestern.
Sagt sie jedenfalls. Man brachte sie gestern.

Die Geigerin vorn ließ den Gatten beschatten:
man sah ihn im Schatten 'ne and're begatten.
Er machte Bekanntschaft mit ihrer Verwandtschaft
bald schlief er'n Stock tiefer unter der Landschaft.

Der Köchin – dort vorn im Eck – Delikatessen
wird wohl auf lange Zeit niemand mehr essen.
Sie gab ihrem Ehemann Frutti di Mare
und zwar war es absichtlich Ausschussware.

Warum rechts die Dame vom örtlichen Baumarkt
nun wohl sprichwörtlich hier in diesem Bau parkt?
Links fingerschnipsend erschlug sie den Gatten,
in der rechten Hand hielt sie zwei Rigipsplatten.

Hans Fengel

Finger verbrannt

Harry Butz ist ein sportlicher, eleganter, 185 Zentimeter großer Modelathlet und mit seinen 42 Jahren im besten Mannesalter. Sein dunkles, kurzgeschnittenes, welliges Haar hat einen leichten Blauschimmer. An den Schläfen zeigt sich ein zartes helles Grau. Das macht ihn für die gutaussehenden Damen, mit denen er sich gerne und oft umgibt, besonders interessant.

Seine gutbetuchte »Schwarzgeldkundschaft« kennt ihn als zuverlässigen Finanzinvestor. Die ihm anvertrauten Beträge der reichen Anleger investiert er gewissenhaft und sicher in Wertpapiere, Staatsanleihen und Rentenpapiere. Dafür hat er ein Händchen. Durch Dividenden, steigende Aktienkurse und gutgeschriebene Zinsen generiert er so aus dem verwalteten Anlagevermögen seiner Kunden im Schnitt sechs Prozenzt Gewinn. Am Jahresende zahlt er davon eine Rendite von 3,5 Prozent an die, wie er sie nennt, Schwarzgeldfreaks aus. Die Differenz wandert auf Harrys Konto.

In seinem zweiten Leben ist Harry aber Gentleman-Gangster. Wenn diese Bezeichnung überhaupt auf jemanden zutrifft, dann auf ihn. Während der Besuche bei seinen »Gier-Affen« sieht er sich genau in deren Wohnräumen um. Durch geschicktes Fragen und Taktieren erfährt er meist, wann Urlaube oder sonstige längere Abwesenheiten der neureichen »Dunkelgeldverehrer« anstehen. Wenn die Villen und Bungalows dann verwaist sind, schlägt Harrys Stunde. Zusammen mit seinem Freund Klaus Jipter, einem sportlichen durchtrainierten Alarmanlagenkiller, dringt er des Nachts in die Domizile der Wohlhabenden ein. Einbruchsmelder sind für die beiden, Dank der genialen Fähigkeiten von Klaus, keine Hindernisse. Nur Anwesen, die durch Hunde bewacht werden, meiden sie wie der Teufel das Weihwasser.

Ohne brauchbare Spuren zu hinterlassen, erleichtern sie die Auserwählten um edlen Schmuck, kostbares Tafelsilber, teure Gemälde, Münzsammlungen oder was sie sonst für wert halten, mitgenommen zu werden. Und sie tragen niemals eine Waffe. Ganovenehre.

Harry plante für den 8. März 2014 einen Beutezug. Aber Jipih-Jipih-Yäh, wie Harry seinen Kumpel gerne scherzhaft nannte, war im Dezember 2013 durch einen Darmstädter Richter für zehn Monate zum Nachdenken in das Gefängnis Weiterstadt geschickt worden. Klaus war nämlich auch ein »staatlich anerkannter Safeknacker« und bei seiner letzten Solo-Tour als Schweißarbeiter in den Büroräumen einer Baufirma übermüdet vor dem Tresor eingeschlafen. Am nächsten Morgen kaschte ihn dann die vom Firmeninhaber alarmierte Polizei.

Somit fehlte Harry der Betreuer für die Sirenen. Deshalb besuchte er die Kneipe »Zur letzten Instanz« in Frankfurt, trat an den Tresen und bestellte beim Inhaber »Ein Bier, einen Kurzen und einen ganz Kurzen.« Elektriker werden in einschlägigen Kreisen »Ganz Kurze« genannt.

Der Wirt bedeutete ihm durch ein Nicken, dass er am gegenüberliegenden Tisch Platz nehmen soll. Dann telefonierte er, servierte Harry die Getränke. Nach 15 Minuten betrat ein kleiner Kerl den Schankraum. Durch ein Kopfnicken leitete der Wirt den Wicht zu Harry weiter.

»Hi, was geht?« fragte der Fremde und setzte sich zu Harry.

Der entgegnete »Wenn die Schrille stumm ist, geht was.«

Mit Schrille war die Alarmanlage gemeint, das wusste Detlev, so hieß der Kleine. »Wer bist du?« fragte er.

»Namen tun nichts zur Sache. Ich bin ein Freund von edler Kunst. Kannst du die Schrillen stillen?«

Detlev nickte und fragte »Was ist drin?«

»Wenn alles versilbert ist, wird's hochprozentig, sechzig für mich, vierzig für dich.«

»Ok.«

Die Männer verließen die Kneipe und gingen hinunter zum Mainufer. Dort besprachen sie alle wichtigen Details.

Wie vereinbart trafen sich die Ganoven am Samstag um 20.00 Uhr am Eisernen Steg in Frankfurt. Detlev nahm im Van, den Harry steuerte, auf dem Beifahrersitz Platz. Abfahrt.

Alles lief glatt. Die Bewohner der geräumigen Villa in Taunusstein waren im Urlaub. Detlev schaltete die Alarmanlage stumm. Dann durchsuchten die beiden die Zimmer und wurden reich belohnt. Ruhig brachten sie die wertvollen Gegenstände aus dem Haus und luden sie in den Van, den Harry bei der Autovermietung »Fahr und Spar« in Erbach geliehen hatte. Nach Abschluss der Aktion stiegen die beiden in den Wagen. Harry fuhr nach Babenhausen und steuerte ein alleinstehendes Haus im Baugebiet Ost, direkt am Waldrand, an.

Die Männer stiegen aus. Harry drückte fünfmal den Klingelknopf, wartete kurz und läutete dann noch zweimal. Das war das vereinbarte Zeichen. Eine gepflegte ältere Dame öffnete die Haustür. Christine von Trotha war mittelgroß, schlank, trug ein dezentes schwarzes Kleid mit einer roten Brosche sowie Gürtel und Pumps in der gleichen Farbe. Das silbergraue, volle Haar war kurzgeschnitten, so kamen die rotglänzenden Ohrringe voll zur Geltung. Ihre positive, offene Körperhaltung demonstrierte Selbstbewusstsein und Stärke.

»Bitte, treten Sie ein.« Harry und Christine kannten sich seit fünfzehn Jahren, arbeiteten vertrauensvoll zusammen, siezten sich aber immer noch. Die beiden Männer und die elegante Dame standen im geschmackvoll eingerichteten Wohnzimmer.

Harry sagte: »Wir haben frische Ware im Wagen im Wert von bestimmt 100.000 Euro.«

»Bringen Sie die Schätze herein, ich mache Ihnen wie immer einen fairen Preis.«

Harry und Detlev räumten das Fahrzeug leer, ohne dass es irgendjemand mitbekam.

Christine von Trotha besah mit dem Blick der Kennerin ausführlich die Ware und bestimmte für jedes Teil einen Preis, während Harry und Detlev schweigend in den großen, schwarzen Ledersesseln verharrten.

»Ich gebe Ihnen für alles 50.000 Euro in bar.«

Harry wusste, dass er nicht zu handeln brauchte. »In Ordnung.«

Er reichte der kultivierten Dame die Hand um das Geschäft zu besiegeln. Sie schlug ein. Dann ging Christine in einen angrenzenden Raum und kam mit einem Bündel Geldscheinen zurück. »Bitte zählen Sie nach.«

Harry lächelte smart »Ich vertraue Ihnen blind.«

Die Männer verabschiedeten sich und bestiegen den Van. Hier zählte Harry 20.000 Euro ab und gab sie an Detlev. »Dein Anteil.«

»Okay« war die knappe Antwort.

»Ich fahre dich jetzt nach Frankfurt. Wenn ich dich noch einmal brauchen sollte, komme ich wieder ›Zur letzten Instanz‹. Alles wie beim ersten Mal.«

Wieder kam nur ein knappes »Ok.«

Detlev Lahm betrat frühmorgens um 7:20 Uhr seine Wohnung in Frankfurt. »Leicht verdiente Kohle« flüsterte er freudig.

Am Mittwoch darauf fuhr Detlev abends um 21:00 Uhr in Frankfurt los mit Ziel Babenhausen. Als er die Stadt erreicht hatte, lenkte er seinen Wagen zum Haus der Dame von Trotha. Er läutete fünfmal, wartete und bediente noch zweimal den Klingelknopf. Diesen Ablauf hatte er sich gut eingeprägt. Christine öffnete die Tür. Sie wunderte sich, dass Detlev alleine vor ihr stand.

»Guten Abend.« sagte sie »Wie kann ich Ihnen helfen?«

»Ich habe hier einen Ring, den möchte ich gerne von Ihnen schätzen lassen. Eventuell auch verkaufen. Ein Erbstück.«

»Bitte treten Sie ein. Möchten Sie einen Drink?«

In diesem Moment zog der Mann einen Revolver aus der Tasche. »So, jetzt machst du was ich will. Und keinen Mucks, sonst lege ich dich gleich um. Los, zum Tresor. Ich will alles.«

Von Trotha blieb völlig ruhig und äußerlich unbeeindruckt. »Selbstverständlich bekommen Sie alles, was Sie verdienen. Sie brauchen keine Gewalt anzuwenden. Bitte folgen Sie mir.«

Der Kriminelle gab der Frau einen Stoß in den Rücken. »Ich bestimme hier, was passiert. Und Zeugen brauche ich schon gar nicht.«

Christine wusste nun, was sie von diesem Eindringling zu erwarten hatte. Ein Mensch ohne Skrupel und ohne Niveau.

Detlev und von Trotha befanden sich nun in dem Raum, aus dem die alte Dame Sonntagnacht das Geld geholt hatte. Sie ging auf den Tresor zu, gab den Nummerncode ein. Detlev schob sie zur Seite und richtete den Revolver auf ihren Kopf.

Christine sagte ruhig: »Fangen Sie schon an auszuräumen, ich bediene noch den Knopf, der auch den Boden des Safe öffnet. Da liegen weitere 500.000 Euro.«

Aus Detlevs Augen leuchtete die pure Gier, er stöhnte. »Yeah, mach los, du alte Vettel.«

Als er die Stahltür mit der rechten Hand öffnete, berührte er mit der linken Hand, in der er die Waffe hielt, gleichzeitig die Metallwand des Tresors. Da bediente von Trotha den Knopf neben dem Lichtschalter. Niederfrequenter Wechselstrom von 50 Milliampere strömte Detlev von der rechten Hand über den Brustkorb zur linken Hand. An seiner Skelettmuskulatur wurden Kontraktionen ausgelöst, die aufgrund der stärkeren Ausbildung der Beugemuskeln gegenüber den Streckmuskeln zu einem langen Festhalten an dem unter Spannung stehenden Geldschrank führten. Das hatte fatale Folgen für ihn. Krämpfe. Atemstillstand. Tod.

Christine von Trotha rief Harry an. »Hier hat sich einer gewaltig die Finger verbrannt.«

Harry fuhr mit der Leiche nach Mainhausen, stieg mit ihr einen Hochspannungsmast empor und ließ sie fallen. Er kletterte wieder nach unten. Die Kripo hatte am nächsten Tag ein Rätsel zu lösen.

Ruhestand

Richard arbeitete seit 1970 als Sachbearbeiter bei einer Krankenkasse. Er setzte sich für die Belange der Versicherten ein und agierte wie eine »Machete«, die den Kunden eine kleine Schneise in den Paragrafendschungel schlug. Hierin sah er seine Erfüllung.
Nach seinem fünfzigsten Geburtstag wurde Richard aus Altersgründen in den Bereich Fahrtkosten versetzt. Eine Hintergrundabteilung ohne Publikumsverkehr. Durch Verhandlungen mit Taxi- und Mietwagenunternehmern senkte er die Preise und hielt so die Kosten von Krankenfahrten niedrig. Kostensteuerung hieß das Schlagwort. Zu jedem Jahresbeginn traf seine Führungskraft mit ihm eine neue Zielvereinbarung, die Richard erfüllen musste.

Er sprach oft mit seiner Ehefrau Gisela über die beruflichen Anforderungen: »Zielveroinbarung kannsde dir sou vorstelle: Du drickst e Zitron aus und des gibt e Glas voll Saft. E Johr späjrer sitzt dir en junge Schnösel gejeiwwer, frisch von de Schulbänk, ouhne praktisch Erfohrung, un verlangt, dass du die Schail vun de Zitron wirrer in die Händ nimmst und noch mejh Saft erauspresst. Wie soll dann des uff Dauer gejh?«

Trotzdem schaffte Richard es immer, die geforderten Einsparungen zu generieren. Allerdings wurde er von Jahr zu Jahr mürrischer, launischer und unzufriedener, sodass aus dem freundlichen Helfer bald ein ewiger Nörgler und ungenießbarer Grantler wurde. Gisela zeigte viel Verständnis für ihren Ehemann und sah großzügig über seine Marotten hinweg.

Bei einer kleinen Feierstunde zu seinem achtundfünfzigsten Geburtstag fragte ihn sein Abteilungsleiter: »Könnten Sie sich vorstellen, in Altersteilzeit zu gehen?«

Richard hatte sich bereits über diese Möglichkeit informiert. Und da von Arbeitgeberseite ein großes Interesse bestand, ältere Mitarbeiter »loszuwerden«, stellte Richard einen entsprechenden Antrag. Er musste nun noch drei Jahre voll arbeiten, bei abgesenktem Gehalt.

Am 25. Mai 2013 feierte Richard seinen einundsechzigten Geburtstag. Somit wurde er ab dem 1. Juni für die nächsten drei Jahre von der Arbeit freigestellt. Endlich waren nun die stressigen Berufsjahre vorbei.

Das gemeinsame Frühstück mit seiner Gattin und das tägliche Zusammensein zu Hause genoss er anfangs. Doch schon nach einem Monat hatte sich der graue Alltag eingeschlichen. Es gab keine Ausflüge, keine Reisen, keine Besuche. Richard wollte sich erst akklimatisieren, wie er es nannte. Er schlief lange, schaltete gleich nach dem Aufstehen den Fernseher ein oder surfte stundenlang im Internet. Manchmal lag er auch nur faul auf dem Sofa. Der »befreite Mann« vernachlässigte seine Körperpflege, rasierte sich nur noch selten. Auch gutes Zureden seiner Ehefrau änderte nichts.

Der Trott wurde an jedem Mittwoch unterbrochen. Da machte Richard immer einen ausgedehnten Spaziergang im Babenhäuser Wald. Er sammelte Pilze oder Beeren, die er sich dann von seiner Frau zubereiten ließ. Gisela nutzte diese kostbare Zeit jeweils für einen genussvollen Aufenthalt in der eigenen Sauna im Keller des gemeinsamen Wohnhauses.

Für Gisela war Richards Inaktivität der pure Albtraum. Sie hatte sich einen Unruhestand mit vielen tollen Erlebnissen und neuen Erfahrungen gewünscht. Nichts davon war wahrgeworden. Sie fragte sich: »Was fir en ›Vochel‹ hab ich do im Nest sitze? Is des derselwe Kerl, den ich emol aus Lieb geheiert hab?«

Nicht nur, dass es keine gemeinsamen Unternehmungen gab. Richard war auch ein Störfaktor für den Tagesablauf, den sie vor seinem Ruhestand gehabt hatte. Da traf sie sich fast täglich mit Freundinnen zum Klatsch und Tratsch bei Kaffee und Kuchen, war oft spontan mit Claudia oder Christine zum Shoppen nach Darmstadt gefahren. Vorbei. Nun verhinderte Richard es immer, dass sie alleine oder mit Freundinnen etwas unternahm. Wenn sie das Thema bei ihm ansprach, gab es stets einen riesigen Zoff.

Endlich wehrte Gisela sich gegen die Bevormundung. Sie verabredete für den 2. September 2013, einem Montag, ein Treffen mit Christine und Claudia. Gisela hübschte sich auf, und zu dritt saßen sie um 15.00 Uhr im Cafe König in Babenhausen und ließen sich Kaffee und Kuchen schmecken. Das hatte Gisela schmerzlich vermisst, deshalb genoss sie den gemütlichen Plausch umso intensiver. Und sie wollte zukünftig nicht mehr darauf verzichten.

Um 19:00 Uhr kam die Frau zu Hause an. Richard erwartete sie schon. »Wou treibst du dich rim? Waaßde eischendlich wie spät 's is? Bleed Kuh, mach mer was zu esse!«

Er drehte sich abrupt um und verschwand wutschnaubend im Wohnzimmer. Gisela weinte und verzog sich wortlos in die Küche. Sie setzte sich an den Tisch, schluchzte und wimmerte. Tränen rannen ihr die Wangen herunter.

Es hatte keine Aussprache gegeben. In der Nacht lag Richard auf dem Sofa in der Wohnstube. Der Fernseher lief. Aber Richards Gedanken kreisten nur um den Vorgang am frühen Abend. Er war wütend und sprach vor sich hin: »Die gejht jetz immer wirrer fort und mecht ihrn Juchthee. Un ich bin dehaam und kann sejhe wou ich was ze esse herkrie. Do kann ich aach gleich alaa soi.» Er lag lange wach und grübelte. Gegen Morgen reifte in ihm der Entschluss, Gisela aus der Welt zu schaffen, ohne dass ein Verdacht auf ihn fallen konnte. Richard schlief zufrieden ein.

Auch Gisela fand in dieser Nacht keinen Schlaf. Welch schönes Leben hatte sie doch, als ihr Mann noch arbeitete. So hatte sie sich den gemeinsamen Lebensabend nicht vorgestellt. In ihr machte sich die furchtbare Gewissheit breit, dass ein Leben ohne ihren Mann besser wäre. Richard musste um die Ecke gebracht werden. Ja, das war die Lösung, jetzt fehlte nur noch ein wasserdichter Plan.

Am nächsten Morgen begegneten sich die beiden nach dem Aufstehen in der Küche. Er sagte: »Des vun gesdern dut mer laad. Bisde wirrer gut?«

»Eija«. anwortete sie, »es hilft eh nix, lang erimzugroine. Verdraache mer uns wirrer.«

Beide dachten an ihren nächtlichen Entschluss und hatten ein zuversichtliches Lächeln im Gesicht. An diesem Tag frühstückten sie seit langem wieder einmal gemeinsam.

Richard sagte: »Ich will was im Keller basdele«. Dort machte er sich in der Sauna zu schaffen. Nach drei Stunden war er mit seiner Arbeit fertig. Er hatte einen Schlauch so montiert, dass daraus bei Inbetriebnahme der Sauna Kohlendioxyd ausströmte. Unmerklich, farb- und geruchlos. Absolut tödlich.

Der Abend verlief wie immer. Die beiden schwiegen sich an. Richard ging in das Wohnzimmer und unterwarf sich dem Diktat der TV-Fernbedienung. Gisela saß in der Küche, hatte ein Buch aufgeschlagen, las aber nicht. Der Plan zur Änderung ihrer Situation nahm in ihrem Kopf klare Konturen an. Um 23.00 Uhr suchte sie das Schlafzimmer auf. Richard folgte ihr um 2:00 Uhr. Beide schlummerten selig.

Am Mittwoch durchstreifte Richard wie gewöhnlich den Wald und die ihm bekannten Lichtungen. Er sammelte Champignons, Steinpilze und Maronenröhrlinge ein. Gegen 11:30 Uhr kam er von seinem Spaziergang zurück. Er ging zu Gisela in die Küche und legte seine Ausbeute auf den Tisch. »Du, die kennsde mer heit mache, orrer?«

Gisela setzte ihr schönstes Lächeln auf. »Die mach ich gleich. Mit Brotwerscht und Stambes, gell?«

»Ou ja.« Richard holte sich ein Bier und setzte sich erwartungsvoll ins Wohnzimmer.

Gisela hatte auf ihren Saunabesuch verzichtet und stattdessen heimlich Blätter der Pflanze Digitalis Purpurea geerntet. Sie putzte die Pilze, zerteilte sie, schnitt Schalotten und Dörrfleisch klein und streute alles in die Pfanne, in der die Bratwürstchen schon brutzelten. Dann bereitete sie das Kartoffelpüree zu. Kurz vor dem Servieren gab sie braunen Zucker zum Karamellisieren und ordentlich Salz und Pfeffer zu den Pilzen. Dies sollte den bitteren Geschmack der acht zerkleinerten hochgiftigen Blätter des roten Fingerhuts, die sie zum Schluss hinzufügte, überdecken. Zwei oder drei Blätter hätten gereicht, aber Gisela wollte sichergehen, dass das gewünschte Ergebnis auch eintrat.

Sie fürchtete sich vor der Reaktion ihres Mannes auf die finale Würzmischung. Auf gar keinen Fall wollte sie anwesend sein, wenn er »himmelte«. Mit »Ich winsch der en Gure. Ich gejh jetzt saune« verabschiedete sie sich in den Keller. Er grinste zufrieden.

Gisela dachte: »Ich hab nur zubereit', was de Richard haamgebrocht hot. E bombesicher Alibi.« Dass sie es gar nicht brauchen würde, konnte Gisela nicht wissen. Sie nahm zum letzten Mal in ihrem Leben die Sauna in Betrieb und legte sich auf die Holzpritsche.

Richard aß langsam und voller Genuss die köstliche Mahlzeit. Nur die gepfefferte Überwürzung der Pilze und ein bitterer Nachgeschmack störten ihn etwas. Das muss in Zukunft besser gemacht werden, von wem auch immer, dachte er.

Eine plötzliche Übelkeit mit kräftigem Ohrensausen sowie ein heftiger Schwindelanfall ließen Richard zu Boden fallen. Seine Pulsfrequenz sank drastisch ab, Schweiß stand auf seiner Stirn. Er rief verzweifelt nach Gisela. Den starken Brechreiz spürte er noch, dann gar nichts mehr. Richard schwebte in seinen immerwährenden Ruhestand.

Helen Hartnagel

Der Mondstein

Sie fuhren schon in der Nacht los. Der Fahrer ließ das Auto die steile Straße hinunterrollen und startete den Motor erst unten an der Kreuzung. Dann fuhr er Richtung Autobahn.

Frau Horch konnte wie gewöhnlich wegen Kopfschmerzen nicht schlafen. Sie hörte, wie unter ihrem Schlafzimmerfenster eine Autotür zuschlug und lugte hinter der Gardine hervor.

»Sehr komisch, Franz wollte erst *morgen* in den Urlaub fahren«, dachte sie, schaute kopfschüttelnd auf die Uhr und ging wieder zu Bett.

Die Insassen des Autos sprachen kein Wort miteinander – nur hinten auf dem Rücksitz hielt sich das junge Ehepaar die Hände. Die Frau trug einen wunderschönen Mondsteinring an ihrem linken Ringfinger. Der Stein leuchtete hin und wieder geheimnisvoll im Schein der Straßenlaternen auf. Ihr Mann hatte den Ring sechs Monate vorher in Michelstadt bei einem Antiquitätenhändler erstanden, da er wusste, dass seine Braut sich einen Jugendstil-Mondsteinring zum Geburtstag wünschte.

Als der Wagen auf die Autobahn Richtung Frankfurt auffuhr, sagte der Fahrer mit Erleichterung: »So weit, so gut. Hoffentlich sind wir alle in Argentinien, bevor man Franz entdeckt. Sein Auto läßt sich gut fahren.«

Die Frau auf dem Beifahrersitz antwortete energisch: »Sei nicht so optimistisch. Es kann noch vieles schiefgehen. Am Flughafen lauert überall Gefahr. Wir dürfen die Nerven nicht verlieren!«

Sie erreichten den Frankfurter Flughafen ohne Zwischenfall und parkten das Auto im Parkhaus am Terminal Eins. Autoschlüssel und Papiere wurden diskret in den Abfalleimer geworfen. Einchecken, Sicherheitskontrollen, Zollformalitäten und Einsteigen verliefen ohne Probleme.

Als sie in der Maschine beim Abendessen saßen, stießen sie mit vielsagenden Blicken mit einem Glas Sekt an.

In diesem Moment merkte die junge Frau, dass der Mondstein aus seiner Fassung herausgefallen war. Sie wurde ganz blass. Dies war kein gutes Omen! Mondsteine bringen Glück oder auch Unglück, das wusste sie. Eine innere Panik stieg in ihr auf. Sie hatte in den letzten vierundzwanzig Stunden zu viel gehört und gesehen. Ihre Nerven lagen blank. Ihre Hand zitterte so stark, dass sie die Hälfte des Sekts auf ihre Hose verschüttete.

Ihr Mann blickte erstaunt in ihr ängstliches Gesicht und dann nach unten auf ihren linken Ringfinger mit der leeren Ringfassung. Er begriff sofort, dass der Mondstein verlorengegangen war.

»Oh nein! Wo mag der Mondstein jetzt liegen? Vielleicht im Parkhaus?«, dachte er.

Er wusste genau, dass er das schöne Lichtspiel noch im Auto bewundert hatte. Was würde passieren, wenn jemand den Stein fände und zur Polizei brächte? Der Gedanke ließ ihn erschaudern. Er hatte sehr viel auf dem

Gewissen. Er versuchte, die schrecklichen Ereignisse des vorherigen Tages aus seinem Kopf zu scheuchen. Er flüsterte: »Vielleicht auf der Toilette?«

Seine Frau reichte ihm ihr halb gefülltes Sektglas und stand auf. Sie suchte vergeblich in der Toilettenkabine – der Stein war nicht da. Sie ging mit weichen Knien zu ihrem Sitzplatz zurück. Krampfhaft ihre innere Unruhe unterdrückend, sagte sie mit aufgesetztem Lächeln:

»Er ist wahrscheinlich am Flughafen. Macht nichts, Liebling!«

Aber da irrte sie sich gewaltig. Gerade in dem Moment schimmerte der Mondstein unter der Lupe eines Mineralexperten der Kriminalpolizei und die internationale Fahndung nach dem Mörder eines Bürgers namens Franz X. wurde eingeleitet.

Anne Jahn

Retros

Bei »Schirm, Charme und Melone«
ging es meistens völlig ohne
irgendwelche scharfen Waffen.
Gekämpft wurde da mit anderen Sachen.
Mit Karate, Schirmen und ganz viel Krach
legte man die Bösen flach.
Stilvoll und elegant gekleidet,
stets von Emma Peel begleitet,
die immer ganz »in Leder« war,
waren John Steed und sie *das*
unschlagbare Krimipaar.

Dann gab »Graf Yoster« sich die Ehr',
mit »Johann«, Wolfgang Völz, seinem Chauffeur.
Immer bedacht, die Etikette zu wahren
ließ er sich zum Tatort fahren,
um mit Tücke und mit List
rauszufinden, wer der Täter ist.
War der Fall dann aufgeklärt,
wurde freudig unbeschwert
Sekt getrunken und der Boss
Zurückgefahr'n zu seinem Schloss.

Zuerst schwarz-weiß, dann in Farbe war
Erik Ode dann »der Kommissar«.
Mit Fritz Wepper und dessen Bruder
verhaftete er so manches Luder,
irgendeine mysteriöse Frau,
die dachte, sie sei besonders schlau.
Die Dialoge monoton,
die Antwort in der Frage schon,
verhörte er väterlich die Verwandten,
psychotische Neffen, Onkeln und auch Tanten.
Hat sich besonnen rangeschlichen,
und bis die Verdächtigen es begriffen,
war schon alles aufgespürt
und der Täter abgeführt.

Ein Oberinspektor und Harry Klein
luden nun zu »Derrick« ein.
Hier war schon am Anfang immer klar,
wer denn nun der Mörder war.
Und *nicht einmal* hörten wir Derrick sagen:
»Harry, hol schon mal den Wagen«.
So ist es meistens mit Gerüchten.
Oftmals besser als die Geschichten.

Bei »Aktenzeichen XY« mit Herrn Zimmermann
durfte man mit an den Tatort ran.
Zu jung für die echte Realität
musste ich damals dann ins Bett.

Doch an der Tür, durch einen Spalt,
fieberte ich heimlich nach Gewalt.
Im Hintergrund die dunkle Stimme,
und vorne lag in einer Rinne
leblos ein Körper, Gesicht nach unten,
so hatten Nachbarn ihn gefunden.
Und auch ohne Blut, in dunklem Rot,
war sofort klar, der war tot.
... und habe dann den Rest der Nacht
vor Angst kein Auge zugemacht.

So vergingen Krimijahre
mit jeder Menge Kommissare.
Das war gestern ... und fürs Futur
bleibe ich »dem Täter auf der Spur!«

Gerty Mohr

Trügerische Idylle

Ich hab' meine Freundin geschlachtet,
ganz ohne Not.
Ich habe sie lange betrachtet
im Abendrot.
Ich werd sie mit Kräutern füllen,
sie langsam und zärtlich grillen -
dazu trinke ich einen Merlot.

Biografie

Ich habe mal einen Mörder gekannt,
er war höflich und freundlich und schön,
überhaupt war er sehr galant und charmant,
doch ich glaube, ihm fehlte ein Gen.

Die Fischsuppe

Ein Kannibale
und sein Rivale
saßen zu Tisch,
es roch lecker nach Fisch
und auch nach Kräutern,
dabei muss ich erläutern,
obenauf schwamm –
ein Kamm.
»Den kenne ich schon,
der gehört meinem Sohn«,
rief der eine.
»Nun ja, ich meine«,
sprach der andere
ziemlich gelassen,
»du wirst mich, so hoff' ich,
deshalb nicht hassen.
Niemand kann der Zukunft entrinnen,
keiner kann sein Schicksal bestimmen –
und das seiner Kinder
nicht minder.«

Udo Müller

Blut ist dicker als Wasser

Beim Bummel durch die Kneipen des Städtchens war Karl in diese finstere, verräucherte Kaschemme geraten. Nicht ganz zufällig traf er auf seinen Sohn, der sich dort gern herumtrieb. Nach einer kurzen Begrüßung zogen sie sich zurück an einen Tisch in einer Nische, die etwas Schutz vor dem Dröhnen der Stereoanlage bot.

Karl kam gleich zur Sache: »Was, nur elf Monate wirst du eingesperrt? Das Doppelte hätten sie dir aufbrummen sollen! Schon zum zweiten Mal wegen Körperverletzung verurteilt! Jetzt ist auch noch die Bewährung vom ersten Urteil futsch. Einen Kriminellen habe ich aufgezogen. Schämen muss man sich.« Karls Gesicht schien weniger Verachtung denn Schadenfreude auszudrücken.

»Du, und mich aufgezogen! Dass ich nicht lache. Die Mamm hast mit drei kleinen Kindern sitzen lassen. Und den Unterhalt bist auch oft schuldig geblieben. Dieser dämlichen Susanne bist hinterher scharwenzelt und hast sie dann auch noch geheiratet.«

Karl zuckte mit den Schultern: »Ja mei, wo halt die Liebe hinfällt.«

»Du und Liebe. Weißt du denn überhaupt, was Liebe ist? Ihr Haus und das Bauland hast geliebt. Das hast du für deine schmutzigen Grundstücksgeschäfte gebraucht.«

Karls Gesicht verzerrte sich zu einer spöttischen Grimasse: »Ich war immer reell.«

»Reell, reell!«, spottete Stephan. »Du hast immer schon damit angegeben, wie clever du bist, und wie du deine Geschäftspartner über den Tisch ziehst. Und wenn du zu viel Bier und Schnaps intus hast, prahlst du damit, wie du alle Bauämter im Umkreis bestichst.«

»Wer gut schmeert, der gut fährt«, erwiderte Karl, »und ich hab noch keinen einzigen Prozess verloren. Erwischen lassen habe ich mich nie. Ich frage mich nur, woher du deine Dummheit hast und dazu noch diese Brutalität; von mir ganz bestimmt nicht.«

»Ich weiß selber, dass ich leicht reizbar bin und schnell zuschlag. Das tut mir hinterher auch immer leid«, verteidigte sich Stephan. »Aber du bist viel schlimmer: hinterhältig und gewissenlos. Ja es stimmt: du bist gerissen. Selbst als du damals deine eigene Frau, die Susanne, umgebracht hast, bist du sauber aus der Sache rausgekommen.«

Karl zuckte zusammen. Für einen Moment verschwand sein Grinsen, doch schnell gewann er die Fassung wieder. Sie saßen einander gegenüber und musterten sich. Ihr Äußeres war so unterschiedlich, dass man sie kaum für Vater und Sohn hätte halten können. Stephan war groß, gut gewachsen, sportlich. Das gebräunte, markante Gesicht wurde beherrscht von der vorspringenden Nase und den schmalen, weit nach hinten reichenden Lippen. Mit den ausgedehnten Geheimratsecken erinnerte sein Kopf an den eines Raubvogels. Verstärkt wurde dieser Eindruck durch stechende, lebhafte Augen.

Der Vater hingegen war klein und schmächtig, sein aufgedunsenes, gerötetes Gesicht zeigte fast immer einen

Ausdruck von Überheblichkeit. Der graue Anzug, den er stets trug, passte zu seiner unauffälligen Erscheinung.

Karl trommelte nervös mit den Fingern auf die Tischplatte. Bald verlangsamten sich die Bewegungen. Er hatte sich wieder in der Gewalt. »Wie kommst du denn auf die Schnapsidee, dass ich die Susanne umgebracht hätt'? Dafür hatte ich sie viel zu lieb. Das wissen alle Leute. Du musst nur fragen!«

»Ja, ja die Leute«, entgegnete Stephan. »Immer, wenn jemand dabei war, hast du ihr schön getan und sie angegurrt wie ein Täuberich, aber daheim hast' ihr die Hölle heiß gemacht.«

Stephans Augen waren starr auf den Vater gerichtet, wie bei einem Raubtier vor dem Sprung, als er fortfuhr: »Sie ist an Asthma gestorben. Ich hab' mich erkundigt. Die Krankheit kommt auch vom Kopf, wegen der vielen Aufregungen. Wie du mir erzählt hast, hat dir das der Doktor gesagt. Daraufhin hast du die Susanne immer mehr schikaniert, damit die Krankheit schlimmer wird. Zum Schluss konnte sie sich nur noch mit ihrer Spraydose und starken Medikamenten am Leben halten. Das hast du gewusst. Du hast sie umgebracht, um auch noch den Rest ihres Vermögens an dich zu reißen.«

»Blödsinn«, fiel ihm sein Vater ins Wort. »Bei uns im Moos gibt's halt viel Feuchtigkeit und Nebel. Das hat sie krank gemacht.«

Wieder schlich sich dieses breite Grinsen in Karls Gesicht. »Ich habe mit Susannes Tod nichts zu tun«, erklärte er. »Du weißt doch ganz genau, dass die Kripo da war und alles sorgfältig untersucht hat. Nichts gefunden!

Und du tust so, als wüsstest du mehr.«

»Tu ich auch!«, platzte Stephan heraus.

Karl lehnte sich genüsslich zurück und wandte sich amüsiert an seinen Sohn: »Da bin ich aber gespannt.«

»Ich weiß es vom Postboten, dem Alois«, erklärte Stephan. »Der hat die Susanne als Erster tot vor der Haustür gefunden. Sofort hat er die Polizei benachrichtigt, die bald eintraf. Dann musste er noch auf die Kripo warten, die ihn verhörte und in seinem Beisein den Fundort inspizierte. Susanne ist vor der Haustür zusammengebrochen und gestorben, ihr Gesicht blau angelaufen. Die rechte Hand umklammerte eine leere Spraydose. Daneben lag ihre Handtasche, offen. Einige Sachen waren herausgefallen und lagen verstreut herum.«

Stephans Kinn schob sich weit nach vorne. Ihm schien jedes Wort auf der Zunge zu zergehen. »Die haben aber keinen Schlüsselbund gefunden. Ist das nicht komisch? Was meinst denn du dazu?«

»Du kannst mir keine Angst machen. Sie hat den Schlüssel halt vergessen. So einfach ist das.«

»So einfach ist das aber nicht«, widersprach Stephan. »Die alte Huber Anna hat mir nämlich was erzählt, was dich bestimmt interessieren wird. Als das damals passierte, war sie im Garten beim Ausgrasen. Durch die Hecke hat sie gesehen, wie du aus dem Küchenfenster gestiegen und schnell in dem Wäldchen hinterm Haus verschwunden bist. Das war kurz bevor man Susanne fand. Der Huberin ist das komisch vorgekommen. Deshalb habe ich ihr etwas vorgelogen, damit sie beruhigt war. Zum Glück ist sie ein bisschen dumm. Aber mir fiel es wie Schuppen von den Augen.«

Diesmal trommelte Stephan provozierend mit den Fingen auf der Tischplatte. »Jetzt werd' ich dir einmal erzählen, wie alles abgelaufen ist: Die Susanne will weggehen, weil sie etwas erledigen muss. Das ist die Gelegenheit, auf die du gewartet hast. Heimlich tauschst du in ihrer Tasche die volle Spraydose gegen eine leere aus. Dann versteckst du ihren Schlüsselbund. Sie sucht ihn, doch du versicherst ihr, dass du daheim bleiben und auf sie warten wirst, und sie nur zu läuten braucht. Sie geht. Bald darauf musst auch du nach dem Plan, den du dir zurechtgelegt hast, ohne gesehen zu werden das Haus verlassen. Der Weg durch die Eingangstür kommt nicht in Frage, da die Vorderfront von der Straße her voll einsehbar ist. Also steigst du hinten durchs Küchenfenster. Du treibst dich erst noch etwas in der Gegend herum, bis die Kripo da ist. Dann kommst du von der Straße her zurück, spielst den Ahnungslosen. Deine Rechnung ist aufgegangen. Du mimst den Verzweifelten und brichst in Weinkrämpfe aus. Alles nur Theater! Alles nur Krokodilstränen!«

Karl saß wie erstarrt da. »Hast du über die Sache mit der Polizei gesprochen?«, flüstert er.

»Nein!«

»Willst du mich erpressen?«

»Nein! So ein Dreckskerl bin ich nicht.«

»Und warum zeigst du mich dann nicht an?«, fragte Karl irritiert.

Stephan lehnte sich über die Tischplatte. »Du bist«, erwiderte er, »immerhin mein Erzeuger. Ohne dich würde ich nicht hier sitzen. Blut ist halt dicker als Wasser.«

Fünf Tage später: Karl geht zum Briefkasten, früher als sonst. Er nimmt die Zeitung heraus. Schon auf dem Weg zur Küche schlägt er den Lokalteil auf. Er setzt sich an den Frühstückstisch. Ja, da steht es: »Tote im Fluss. Eigentlich wollte ein Ehepaar die ersten warmen Strahlen der Frühlingssonne in den Flussauen genießen. Stattdessen machte es eine makabre Entdeckung. Eine Frauenleiche hatte sich im Rechen des Wasserkraftwerks verfangen. Bei der Toten – das ergaben die Untersuchungen der Polizei – handelt es sich um die 76-jährige Anna H. Die Ermittler gehen davon aus, dass die Frau am Tag vorher in den an ihrem Grundstück vorbeifließenden, wegen der Schneeschmelze Hochwasser führenden Bach gestürzt und ertrunken ist.«

Noch zweimal liest Karl den Bericht, schenkt sich Kaffee ein, bestreicht eine Semmel mit Honig. Sein Leben ist in Ordnung.

Nur wenige Minuten später klingelt es an der Haustür. Karl öffnet. Davor stehen eine Polizistin, ein Polizist und ein Kriminalbeamter, der ihm seinen Dienstausweis entgegen hält. »Sind Sie Herr Karl Wiesmeier? Dürfen wir auf ein paar Fragen hereinkommen?«

»Freilich«, erwidert Karl.

In der Wohnküche bietet er ihnen Platz an. Doch nur der Kriminalbeamte macht davon Gebrauch.

»Herr Wiesmeier!«, beginnt der Kommissar, »was wissen Sie über den Tod von Anna Huber? Haben Sie vielleicht gesehen, wie sie ins Wasser gestürzt ist?«

»Ja mei,« entgegnet Karl, »der Bach hat halt Hochwasser gehabt, und da ist sie hineingefallen. Sie war ja schon eine alte Frau.«

»Woher wissen Sie das?« fragt der Beamte.

»Hier steht's doch in der Zeitung. Ich selbst hab' nichts bemerkt.«

»Der Zeitungsbericht ist veraltet« erklärt ihm sein Gegenüber. »Dem Gerichtsmediziner sind Würgemale am Hals aufgefallen. Die Autopsie ergab, dass der Tod durch Erwürgen herbeigeführt wurde.«

»Was für ein Schuft«, ereifert sich Karl, »kann so eine liebe Frau, die niemals einer Fliege etwas angetan hat, umbringen. Nur schad', dass wir die Todesstrafe nicht mehr haben. Bei so einem Kerl sag ich nur: Rübe ab!«

Der Kriminalist mustert ihn genau. Nach einer kleinen Pause fährt er fort: »Herr Wiesmeier! Vorhin habe ich an Ihrer Garderobe einen braunen Kamelhaarmantel gesehen. Gehört der Ihnen?«

»Ja!?«

»Ein solches Kleidungsstück hat heutzutage Seltenheitswert. Haben Sie ihn auch am Todestag der Frau Huber getragen?«

»Weiß ich nicht mehr. Warum fragen Sie?«, will Karl wissen.

»Wir haben einige Kamelhaare, braune Kamelhaare, am Silberarmband der Toten gefunden. Ist das nicht ein Zufall? Herr Wiesmeier! Vielleicht haben Sie den Tod von Anna Huber herbeigeführt.«

»Das lass ich mir von Ihnen nicht gefallen. Ich werde mich bei Ihrem Chef beschweren. Nur weil mein Sohn, dieser miese Typ, bei Ihnen schön Wetter machen will, hat er mich beschuldigt. Der ist kriminell. Das wissen Sie doch auch.«

Der Kommissar stutzt: »Was hat denn Ihr Sohn damit zu tun? – Frau Obermeier, die Tochter von Anna Huber, hat uns auf Ihre Spur gebracht. Vor einer Woche wurde sie von ihrer Mutter angerufen und die hat ihr erzählt, dass sie sich von Ihnen, Herr Wiesmeier, bedroht fühlt. Irgendwie schien ihr, dass dies mit dem Tod Ihrer Frau Susanne zusammenhängt, aber das werden wir auch noch herausfinden.«

»Dummer Weibertratsch«, entgegnet Karl.

»Mir fällt noch etwas auf«, fährt der Kriminalist fort. »Sie haben Kratzer auf der linken Seite im Gesicht. Woher kommen denn die?«

»Herr Kommissar! Meine neue Freundin kommt aus Pilsen. Sie ist sehr temperamentvoll. Ich nenne sie daher gern mein tschechisches Wildkätzchen. Die hat mich wieder einmal gekratzt.«

»Sie Glückspilz! Na ja, Sie sind halt ein attraktiver Mann. Sagen sie einmal, Herr Wiesmeier, welche Blutgruppe haben Sie?«

»Null positiv. Warum?«

Ein flüchtiges Lächeln huscht über das Gesicht des Kommissars. Bedächtig erhebt er sich, wendet sich Karl zu. »Stellen Sie sich vor, bei dem Opfer wurden Blutreste unter den Nägeln der rechten Hand gefunden. Und zwar Null positiv. Herr Wiesmeier, Sie werden verdächtigt, Anna Huber getötet zu haben. Packen Sie ein paar Sachen ein. Wir werden Sie in Untersuchungshaft nehmen.«

Karl zuckt zusammen. Er spürt, die Falle ist zugeschnappt, kein Entrinnen möglich.

»Nur eine Frage noch, Herr Kommissar: Hat mein Sohn mich wirklich nicht verpfiffen?«

»Nein.«

»Der ist ein Pfundskerl, der hat mich nicht verraten. Blut ist eben doch dicker als Wasser.«

Regina Schleheck

Das Wochenendhäuschen

Als Bernd den Riedenhof endlich erreicht hat, ist er fix und alle. Die Strecke ist jedes Mal eine Tortur. Was ist von einem Freitagnachmittag zu Ferienbeginn schon anderes zu erwarten?

An den Kindern geht das vorbei. Sie lassen auf der Rückbank ihre Pokémons gegeneinander antreten. »Dsch dsch! Buff! Attacke Hyperstrahl!«, ruft Ruben, den Gameboy schwenkend. Konstantin kontert mit einer stärkeren Attacke. »Du bist tot! Du bist tot!«, triumphiert er. Der Jüngere bricht in Wutgeheul aus. Er erreicht immerhin, dass sein Bruder ihm nach einem Blick in den Rückspiegel auf die gerunzelte Stirn des Vaters eine Wiederbelebung zugesteht.

Bernd interessieren die Todesschreie auf dem Rücksitz zwischen den Verkehrsmeldungen genauso wenig wie die Jungs sein Stress am Steuer schert. Die leben in ihrer eigenen Welt. Und er hatte sich Gedanken gemacht, wie sie es aufnehmen würden, dass Beate weg war!

Nahezu schulterzuckend. Ein paar Mal hat er Gespräche belauscht, in denen sie spekulierten, ob die Mama von Außerirdischen weggebeamt worden sei, wie Ruben vorschlug, oder ob sie sich nur verlaufen habe.

Verlaufen ist Konstantins größtes Trauma, seit er einmal auf dem Weihnachtsmarkt in Speyer abhanden gekommen ist. Wo er ohnehin schon nicht da hingewollt hat. Wie er immer am liebsten zu Hause bleibt, sich an Vertrautes klammert. Mehr als an die Menschen, die ihn umgeben.

Ruben ist ganz anders. Ein Welteroberer. Wie Beate. Tunesien, die Malediven, das wäre ihre Welt gewesen, nicht so ein Bauernhof im Odenwald.

Bernd hängt an der heimatlichen Scholle. Da kommt er her. Das hatte er seiner Frau anzubieten.

Natürlich hat er bei der Gestaltung Zugeständnisse gemacht. Die mediterranen Säulen, der Innenhof mit dem Brunnen – das ganze Pillepalle ist auf Beates Mist gewachsen. Das lässt sich auch wieder umbauen.

Der penetrante Gülleduft reißt die Kinder aus ihrem virtuellen Gemetzel.

»Wir sind da! Wir sind da!«, schreit Ruben und mimt den Erstickenden, hält sich die Nase zu.

Konstantin schickt ihm einen verächtlichen Blick. »Weichei!« Er saugt demonstrativ die Landluft ein.

»Bin ich nicht!« Ruben lässt die Nase los und geht zur Mundatmung über.

»Das werden wir ja sehen! Ich nehm' dich gleich wohin mit!«, droht Konstantin.

»Ihr helft beim Auspacken!«, ordnet Bernd an, während er nach der Fernbedienung fischt, um das Garagentor zu öffnen.

Sssup! Das geht wie Butter. Bernd lenkt den Kombi in die Garage. Er hat sie im letzten Jahr selbst gemauert. Nur zum Dachdecken hat er sich Hilfe aus dem Dorf geholt. Ein solides handwerkliches Stück Odenwaldarchitektur. So hätte er am liebsten das ganze Wochenendhaus gestaltet. Aber das hat Beate mit Hilfe dieses Architekten aus Heidelberg verhindert. Mit ihrem Faible für den Süden.

Kaum dass die Kinder ihre Rucksäcke im Flur fallen gelassen haben, sind sie weg. Bernd erwägt, sie zurückzuholen, beschließt, dass jetzt Wochenende und kein Stress angesagt ist.

Er räumt selbst das Gepäck aus, geht in jedes Zimmer, fährt die Rollläden hoch. Die Sonne steht schon schräg am Himmel, aber sie bringt Licht und etwas Wärme in die toten Räume.

Durch das Fenster kann man die Kinder sehen. Sie schlagen die Hühner von Bauer Rieden mit Indianergeheul in die Flucht, pirschen sich an den Hahn heran, der oben auf dem riesigen Misthaufen hockt und sie mit schräg gelegtem Kopf beäugt. Beate wäre rausgestürzt und hätte sie da runtergezerrt. Sie hat es immer für eine Zumutung gehalten, dass der alte Rieden sich weigert, diesen stinkenden Haufen von seinem jahrhundertelang angestammten Platz zu entfernen, nachdem er ihnen das Grundstück direkt daneben verpachtet hat. Bernd und der alte Rieden sind sich einig, dass es viel schlimmeren Mist als diesen gibt. Beate hat schließlich dran glauben müssen.

Konstantin greift mit beiden Händen in den dampfenden Dung und wirft einen großen Klumpen auf den Hahn, der zwar rechtzeitig ein Stück zur Seite flattert, aber seinen Posten nicht preisgibt. Ruben schnappt sich die Schaufel. Seine Hose ist schon völlig versaut. Beate würde sich im Grab umdrehen. Bernd wendet sich ab, um ein Abendbrot zuzubereiten.

Kurz darauf locken die Schreie der Jungen Bauer Rieden aus dem Haupthaus herbei. Sie haben in dem Misthaufen einen BH ausgebuddelt. Außerdem eine Handtasche mit einem Büchereiausweis, diverse Kosmetikartikel, Damenschuhe und sogar Beates Dildo.

Bauer Rieden gräbt dann noch einigen anderen Schnickschnack aus, lauter Hinterlassenschaften von Beate. Alles gut versteckt unter dem wunderbaren Mist.

Es sei so über ihn gekommen, gesteht Bernd seinem Nachbarn bei einem guten Korn. Seine Wut darüber, dass Beate vor einem Jahr sang- und klanglos verschwunden sei, habe ihn dazu veranlasst. Er habe sich mit den Kindern von ihr im Stich gelassen gefühlt. Bauer Rieden hat Beate mit ihren Nordic-Walking-Stöcken noch nie leiden können. Der Dildo trägt das Seine dazu bei.

»Kriegen wir jetzt einen Finderlohn?«, will Konstantin wissen.

»Sobald ihr euch gebadet habt«, verspricht Bernd den Schatzgräbern. Das tun sie dann auch, während Bernd am nächsten Imbiss eine Riesenportion Fritten mit Ketschup und Majo besorgt.

Die Pommes dampfen noch, als er wieder in der Garage angekommen ist. Wirklich ein Meisterstück. Dass Beate gerade wieder einen ihrer hysterischen Anfälle gekriegt hat, als er dabei war, das Fundament zu betonieren, das hat doch prima gepasst. Betonkopf zu Beton! Mist hingegen war ein prima Dünger. Er, Bernd, würde schon dafür Sorge tragen, dass die Kinder ordentlich gediehen.

Willi Schubach

Die verhinderten Morde

Wegen der Zeitschrift »Die Koralle« mit den Tatsachenberichten über Begegnungen mit Haifischen in tiefer See suchte ich eine bestimmte Buchhandlung auf. Zwei Verkäuferinnen waren mir nicht entgangen. Ich war noch bartlos und schüchtern hoch drei. Nach dem Schwimmen begegneten mir zwei heimlich verehrte Jungfrauen am Briefkasten meiner Großmutter. Sie steckten etwas ein.

Es war offenbar recht schwierig. Als sie mich erblickten, gab es Unruhe wie im Hühnerhof. Sie polterten abwärts nach draußen und ich hörte, daß Steine von ihren Herzen fielen.

Meine Neugier war groß.

Es war ein Romanheft mit dem Titel »Der schöne Willi«. Knöpfe und Druckknöpfe sprangen von Hemd und Hose. Neugier plagte mich. Bald stand fest, der »schöne Willi« war der Mörder.

Tags darauf kaufte ich außerplanmäßig eine Zeitung bei den flotten Bienen und versprach, wenn sie abends nach Hause gingen, dann müssten sie an nicht einsehbaren Ecken vorbeigehen, und kündigte meinen Mord aus Sympathie an. Offen blieb, welche der beiden ich zuerst ermorden wollte. Es kamen mir die Tränen. Deren und meine Gedanken waren schwer.

Festzustellen war, dass die Schönen nicht nur lieblicher anzusehen waren als ihr »vermeintlicher« Mörder. Sie liefen schneller als ein Getriebe. Ich aber machte nicht viel her mit meinem gespreizten Hinkebein.

Der Mord fiel aus.

Anmerkung: Gehen und Laufen lernte ich erst beim Militär. Ich überlebte und bin heute 91 Jahre alt. Und wie erging es den einst Verehrten? - ? -

Kriege und Krimis sind verwandt nach ihrer Art.

Die Urteile über sie werden bestimmt vom jeweiligen Standpunkt aus.

Ohne Berücksichtigung der Geschichte gibt es keine Objektivität.

Liliane Spandl

Spinnennächte

In der Nacht von Donnerstag auf Freitag hatte er unruhig geschlafen und lebhaft geträumt, konnte sich jedoch nicht mehr an Einzelheiten erinnern. Irgendwie empfand er es als eine Mischung aus Lust und Schrecken. Mit Herzklopfen war er aufgewacht, lag lange wach und war gerade im Begriff wieder einzuschlafen, als der Wecker unbarmherzig klingelte.

Er gähnte, reckte sich herzhaft, wälzte sich langsam auf die Seite, schob einen Fuß aus dem Bett und angelte nach einem Pantoffel. Dann richtete er sich auf, zog den anderen Pantoffel über und saß noch eine Weile auf dem Bettrand, wobei er vergeblich Traumfetzen zusammenzubringen versuchte, die sich aus seinem Gedächtnis verflüchtigten.

»Was soll's«, dachte er halb ärgerlich, halb belustigt. Schließlich war er ein Mensch, der mit beiden Beinen auf dem Boden einer realistischen Welt stand. Träume waren für ihn Schäume, und psychoanalytische oder esoterische Deutungsversuche waren ihm suspekt.

Er nahm sich wie immer die Zeit für ein ausgiebiges Frühstück, wobei er bereits abends den Tisch deckte, die Teekanne bereitstellte und das Wasser in den Kessel füllte. Während er seinen Tee trank und eine Scheibe Brot aß, warf er einen Blick in die Zeitung. Morgens las er nur die Schlagzeilen und kleinere Meldungen, eine ausführliche Lektüre sparte er sich für den Abend auf.

Beim Rasieren entdeckte er am Hals eine merkwürdige Kratzwunde, die eher einem Biss ähnelte. Sie war schon angetrocknet, begann aber beim Rasieren wieder zu bluten. Vorsichtig verödete er sie mit einem Alaunstift und wunderte sich ein wenig, da er sich sehr selten beim Rasieren schnitt und ihm die Wunde am Vortag nicht aufgefallen war.

Im Büro stellte seine Sekretärin einen Anruf durch. Eigentlich hatte er es nicht so gern, wenn Brigitte ihn dort anrief, aber er ließ sich nichts anmerken und freute sich sogar ein bisschen.

»Ich wollte nur hören, wie es dir geht«, klang ihre Stimme etwas atemlos an sein Ohr, und sie schien erleichtert, dass es ihn überhaupt noch gab. »Ich hatte so einen schrecklichen Traum, dass ich unbedingt wissen musste, ob dir auch nichts passiert ist ...«

Genaueres wollte sie dazu nicht erzählen, aber sie verriet, dass es etwas mit Spinnen zu tun hätte. Nun ja, Frauen und ihre Intuition ... Sie hatte ihm schon öfter von Träumen erzählt, ihren eigenen und den Traumdeutungen und -psychologien, mit denen sie sich zeitweise beschäftigte. Sie behauptete, es gäbe Warnträume, die man ernst nehmen müsse, und ihr jüngster Traum schien zu dieser Sorte zu gehören.

Merkwürdig, irgendwie hatte er ein Gefühl oder eine flüchtige Erinnerung an seinen eigenen Traum, und ihm war, als hätte auch dieser irgendetwas mit Spinnen zu tun gehabt ...

Sie verabredeten sich für den Abend zum Essen bei

ihr zu Hause, und er freute sich schon darauf. Brigitte kochte ausgezeichnet, und er zog ihre Kochkünste denen der besten Restaurants vor, natürlich auch, weil es in ihrem Esszimmer viel gemütlicher war als in allen Restaurants, die er kannte. Sie sahen sich normalerweise mittwochs und an den Wochenenden, wobei er dann meistens auch die Nächte bei ihr verbrachte. Dieses Arrangement genügte ihnen; sie hatten bisher weder über eine Heirat noch über ein Zusammenleben in einer gemeinsamen Wohnung gesprochen. Er hatte einige Kleidungsstücke zum Wechseln, eine Zahnbürste und einen Ersatzrasierer in ihrer Wohnung deponiert, sodass er nach dem gemeinsamen Frühstück direkt von dort aus ins Büro fahren konnte. Am vergangenen Mittwoch war er mit einem Geschäftspartner essen gegangen und musste auf Brigittes Gesellschaft verzichten, sodass er sich umso mehr auf das gemeinsame Wochenende freute.

An sich kannte Rainer keine »guten« und »schlechten« Tage, er war ein Mensch mit einem heiteren, gelassenen Gemüt und nicht leicht aus der Ruhe zu bringen. Auch seine Arbeit machte ihm Spaß. Er konnte relativ selbstständig arbeiten, hatte eine perfekte Sekretärin, die ohne viel Worte auf ihn einzugehen verstand, und eine Freundin, die sein Privatleben bereicherte, ohne Verpflichtungen von ihm zu erwarten.

An diesem Freitag jedoch fühlte er sich müde und unkonzentriert und hatte keine Erklärung dafür. Er trank mehr Kaffee als sonst und bemerkte den seltsamen Blick seiner Sekretärin, als er um die vierte Tasse bat.

Am Nachmittag war er froh, als sein Arbeitstag zu

Ende ging, und er machte sich erwartungsvoll auf den Weg zu Brigitte. Sie hatte schon das Essen vorbereitet, aber es war noch genügend Zeit für einen Apéritif und ein Gespräch über alle möglichen Dinge, die sie entweder in der Zeitung gelesen oder von Kolleginnen und Kollegen gehört hatte. Wenn Rainer auch sonst Klatsch und Tratsch nicht leiden konnte, so amüsierten ihn doch die kleinen Anekdoten, die Brigitte zum Besten gab. Sie hatte eine unterhaltsame Art zu erzählen, und manchmal wünschte er, sie würde alles aufschreiben, damit er es gelegentlich nachlesen könnte. Sie lehnte dies lächelnd ab und meinte, sie könnte zwar erzählen, wäre aber nicht in der Lage, diese Geschichten zu Papier zu bringen. Manchmal spannen sie ihre Neckereien so weit, dass er ihr seine Sekretärin ausleihen wollte, die alles mitstenografieren und abtippen könnte. Oder sie sollte alles auf Band sprechen, damit er es gelegentlich wieder anhören könne. Brigitte fand jedoch, dass dann das Spontane fehlte und ihre Kreativität darunter leiden würde.

Das Essen schmeckte sehr gut, auch der Wein, den sie dazu tranken. Bevor sie sich ins Wohnzimmer zurückzogen, räumte Brigitte den Tisch ab und die Spülmaschine ein; Rainer half dabei, ohne dass sie protestierte. Sie gehörte nicht zu den Frauen, die Männern in der Küche nichts zutrauten. Sonntags ließ sie ihn sogar allein in ihrer Küche und ging spazieren, wenn sie nicht gemeinsam kochten.

Er kochte ebenfalls ganz gut, wenn er auch bei einem Vergleich mit ihr sicher schlechter abgeschnitten hätte. Immerhin hatte ihm seine Mutter die Grundbegriffe der

Selbstversorgung durch die eigene Küche beigebracht; darüber hinaus hatte er auch gelernt, wie man Hemden bügelt, Knöpfe annäht und sonstige kleinere Reparaturen an Textilien erledigt. Sie könne schließlich nicht immer für ihn da sein, und die meisten modernen Frauen erwarteten von Männern, dass sie sich zumindest in der Küche auskannten.

Sie verbrachten einen harmonischen Abend und schliefen eng aneinander gekuschelt ein, die Nachempfindungen von Lust und Leidenschaft genießend.

Am Samstag erledigten sie die Einkäufe für ihre beiden Haushalte und beschlossen, zur Abwechslung den Rest des Wochenendes in Rainers Wohnung zu verbringen. Wegen eines Feiertags am Montag gab es diesmal ein verlängertes Wochenende.

In der Nacht hatte Rainer einen Albtraum, und er konnte sich noch genau daran erinnern, als er schweißgebadet und mit Herzklopfen erwachte: Er war ein Spinnenmännchen und hinter einer Spinnenfrau her. Sie lockte ihn mit betörendem Duft und schien seine Annäherung zu erwarten. Es kam zu einem leidenschaftlichen Liebesspiel, und als er nach dem Liebesakt erschöpft von ihr abließ, passierte es: Sie griff mit ihren schwarzen, behaarten Beinen nach ihm, zog ihn in einer für ihn schmerzhaften Umklammerung an sich und biss heftig zu. In panischer Angst erinnerte er sich daran, dass Spinnenfrauen ihre Männchen nach der Begattung aufzufressen versuchen, und er wandte verzweifelt seine letzten Kraftreserven auf, um sich zu befreien. Sie war doppelt so groß wie er, und ihre Kräfte schienen durch das vorausgegangene Liebesspiel überhaupt nicht geschwächt. Irgendwie gelang es ihm aber, sich aus der gefährlichen Umklammerung zu befreien und die Flucht zu ergreifen. Lange, schwarze, behaarte Beine waren hinter ihm her, und plötzlich saß er aufrecht im Bett. Anscheinend hatte er geschrien, denn Brigitte machte Licht und fragte, was los sei.

»Nichts. Ich hab geträumt«, murmelte er und ließ sich aufs Kissen zurücksinken.

»Ich auch«, sagte sie, »aber angenehm. Muss was Erotisches gewesen sein. Nur einen komischen Geschmack habe ich im Mund ...«

Sie ging ins Bad, um sich den Mund auszuspülen, kam zurück und legte sich wieder neben Rainer ins Bett. Sie kuschelten sich aneinander, Brigitte schlief rasch wieder ein, während er noch längere Zeit wach lag.

Am Morgen entdeckte er eine neue Wunde am Hals und zeigte sie Brigitte. Sie betrachtete sie kopfschüttelnd und hatte keine Erklärung dafür. »Ich beiße nicht beim Liebesspiel«, bemerkte sie scherzhaft, und er starrte sie erschro-cken an. Der nächtliche Traum fiel ihm wieder ein. Die Spinne hatte zugebissen, und er glaubte den Schmerz am Hals gespürt zu haben. Aber er traute sich nicht, mit Brigitte darüber zu reden, weil er normalerweise nichts von Träumen hielt. Sie würde überlegen lächeln und einen belehrenden Vortrag mit der Botschaft halten: »Siehst du, ich habe es dir immer gesagt ...«

Brigitte musste noch immer gegen den schlechten Geschmack im Mund ankämpfen. Dabei traute sie sich nicht, ihm zu sagen, dass es wie Blut schmeckte ...

In der folgenden Nacht wiederholte sich der Traum. Rainer hatte eine neue Wunde am Hals und Brigitte klagte wieder über den ungewöhnlichen Geschmack im Mund.

Beim Nachmittagskaffee entdeckte sie eine ziemlich große, schwarze, behaarte Spinne in einer Ecke des Wohnzimmers, in respektvoller Entfernung von ihr ein kleineres Exemplar, wohl das Männchen.

»Ich glaube, wir sollten etwas gegen die Spinnen unternehmen«, sagte sie so unbefangen wie möglich und zeigte auf die beiden Exemplare an der Zimmerdecke. »Wenn die beiden sich paaren, hast du bald Hunderte von Spinnen in deiner Wohnung. – Wusstest du übrigens, dass Spinnenweibchen ihre Männer nach der Begattung auffressen?«

»Zumindest versuchen sie es«, erwiderte er, und die Wunden an seinem Hals begannen unruhig zu klopfen. Vielleicht war es auch nur der Puls der Schlagader, der dieses Gefühl verursachte. Nach dem Kaffee nahm Brigitte ein Joghurtglas, fing beide Spinnen darin ein und schüttelte sie vom Balkon.

Sie verriet ihm nicht, dass auch sie in der Nacht geträumt hatte: Sie war eine Spinnenfrau und versuchte ihren Freier aufzufressen. Er hatte Glück und konnte sich nach einem relativ harmlosen Biss retten.

Drei Raben

Im Neste saßen drei Raben,
davon zwei alte Knaben.
Eine Dame war auch mit dabei
und lauschte beunruhigt dem Geschrei,
als der eine mit Bedacht
den andern um die Ecke bracht'.
So saßen nur noch zwei im Nest
und feierten ihr Hochzeitsfest.

Brigitte Steckel-Quäl

Ketten aus Gold

Sie war eine wunderschöne Frau. Groß, schlank, leicht gebräunte Haut, lange blauschwarze Haare. Ihre Augen mochten dunkelbraun sein, oder vielleicht auch grün, das wusste man nicht so genau. Sie hatte nur einen Fehler – sie war mausetot.

Kinder hatten sie gefunden, morgens früh auf einer Wiese in der Nähe des Schwimmbades. Als ob sie schliefe, hatte sie ausgesehen. Sie lag auf dem Rücken; der dunkelrote Streifen an ihrem Hals, der wohl auf eine Strangulierung hinwies, war von einer ihrer dunklen Haarsträhnen total bedeckt.

Die Kriminalpolizei war schnell vor Ort gewesen, die Spurensicherung und der Notarzt, der natürlich nicht mehr hatte helfen können.

Gefunden hatten sie nicht viel: einen kleinen silbernen Knopf und Hautpartikel unter den Fingernägeln der Toten, die sich wohl gewehrt haben musste. Der Arzt hatte festgestellt, dass die Tatzeit etwa drei bis vier Stunden zurückliegen müsse, also gegen 6.00 Uhr früh. Der Tod sei durch Erwürgen eingetreten; die Striemen am Hals deuteten auf ein breites metallenes Geflecht, wahrscheinlich eine Kette, hin.

Die Befragung der Menschen, die in unmittelbarer Nähe wohnten, hatte einige Hinweise erbracht. Ein Radfahrer war zu der fraglichen Zeit gesehen worden, eine ältere Dame, die ihren Hund ausgeführt hatte, eine Wandergruppe mit Rucksäcken und eine junge Frau im Jogginganzug. Die sehr genaue Beschreibung eines Mannes, der ebenfalls mit seinem Hund unterwegs war, kam von einer Dame aus der Nachbarschaft.

»Er war mittelgroß, hatte kurz geschnittene helle Haare und trug eine braune Wildlederhose und ein bunt kariertes Hemd. An einer roten Leine führte er einen hellgrauen Pudel«, gab sie zu Protokoll.

Im Laufe der nächsten Tage waren alle diese Personen ermittelt worden, mit Ausnahme eben jenes genau beschriebenen Mannes. Und alle ermittelten Personen kamen nach genauer Befragung und nach Auswertung der DNA-Spuren für die Tat nicht in Frage.

Aufrufe in verschiedenen Zeitungen, dieser Mann möge sich melden, da er als Zeuge dringend gebraucht würde, hatten keinen Erfolg, ebenso der Aufruf in einem regionalen Sender.

Verwandte der Toten waren inzwischen ermittelt und befragt worden.

Von ihrem Verlobten hatte sie sich nach einem heftigen Streit am Vortag getrennt. – Er hatte ein wasserdichtes Alibi.

Feinde habe sie nicht gehabt, gab ihre Schwester an. Sie sei überall beliebt gewesen. Männerbekanntschaften habe sie auch nicht gehabt; sie sei eher zurückhaltend gewesen. Die kleine hellrote Tasche, die man in der Nähe der Toten gefunden hatte, habe ihr gehört. Ihre breite Goldkette mit einem großen Mondstein, die sie möglicherweise getragen habe, sei verschwunden. Diese Kette, so berichtete sie weiter, habe ihre Mutter ihr vor einiger Zeit geschenkt; sie, die Schwester, besitze die gleiche. Sie holte das Schmuckstück, und von der Spurensicherung wurde festgestellt, dass eine solche Kette als Tatwerkzeug in Frage kam.

Die Schwester jedoch und ihre Kette mit dem großen Mondstein kamen nicht in Frage.

Nun vergingen einige Monate, in denen der Mordfall, trotz erheblicher Bemühungen der Kriminalbeamten, nicht aufgeklärt werden konnte. Und dann kam der Zufall zu Hilfe!

Auf dem Frühlingsball des Sportvereins in der benachbarten Großstadt bemerkte eine Kriminalbeamtin, die auch mit dem Fall befasst gewesen war, am Hals einer Dame, die hingebungsvoll mit ihrem Ehemann tanzte, eben jene Kette mit dem riesigen Mondstein.

Schnell wurden die Ermittlungen aufgenommen.

»Es ist meine Kette, mein Mann hat sie mir zum fünften Hochzeitstag geschenkt«, erklärte die Dame, und ihr Mann bestätigte ihre Aussage.

Eine Rückfrage bei dem entsprechenden Juwelier ergab, dass der Mann diese Kette dort gekauft hatte, und nicht nur das, er hatte noch eine zweite dieser Ketten erstanden.

Nach einigem Leugnen gab er zu, diese der Schwester der Ermordeten geschenkt zu haben, mit der er seit langem ein Verhältnis habe.

»Du Schwein«, schrie seine Frau, »dann habe ich die Falsche umgebracht«.

Und ehe jemand es verhindern konnte, rannte sie in

der Dunkelheit davon.

Am nächsten Morgen fand man sie tot im Regenrückhaltebecken. Im hellgrünen Abendkleid, an ihrem bleichen Hals eine breite Goldkette mit einem übergroßen Mondstein ...

Der zerstörte Gartenzwerg

Amalia Silbereisen stürzte in die kleine Polizeistation und schrie: »Hilfe, Hilfe, sie haben meinen Otto erschossen!«

Sie war total aufgelöst, ihre Haare hingen wirr in die Stirn und dicke Tränen kullerten über ihre Wangen.

Der Dorfpolizist Peter Wenger, der hier die Stellung zu halten hatte, erhob sich schwerfällig aus seinem Drehsessel, in den er sich gerade niedergelassen hatte, um eine Tasse heißen Kamillentee gegen seine starke Erkältung zu trinken.

»Nun beruhigen Sie sich erst mal, junge Frau«, sagte er und drückte Amalia in einen der Besucherstühle. Er kannte sie seit vielen Jahren und wusste, dass sie etwas zur Hysterie neigte.

Als sie nun in die Polizeiwache gestürzt war, hatte er sofort realisiert, dass es sich bei besagtem Otto nicht um ein Mitglied der Familie Silbereisen handeln konnte: Der Vater hieß Maximilian, einen Sohn gab es nicht, nur eine Tochter namens Edelfriede, einen Boxerrüden namens Leonardo und den alten Hauskater Benno. Von einem Liebhaber namens Otto war ihm ebenfalls nichts bekannt. Und so fragte er denn die immer noch total aufgelöste Amalia, wer denn dieser Otto sei.

Statt einer Antwort ergriff sie seinen Ärmel und zog ihn auf die Straße und in Richtung ihrer Wohnung.

»Halt«, rief Peter Wenger, »ich muss doch wenigstens das Büro abschließen.«

Amalia hatte dafür kein Verständnis.

»Wieso«, schniefte sie, »in diesem Kaff klaut doch keiner, hier werden nur hilflose Personen erschossen. – Hier, schauen Sie sich die Katastrophe an!«

Sie hatten inzwischen das Anwesen der Silbereisens erreicht. Amalia deutete mit spitzem Zeigefinger in den Vorgarten, und dort lag »Otto«, ein Gartenzwerg, in viele Einzelteile zerbrochen.

Wenger erinnerte sich: Hier hatte diese Zwergenfigur gestanden, etwa 80 Zentimeter hoch, hellgrüne Jacke, blaue Hose, rote Zipfelmütze. Die Hose war heruntergezogen gewesen, und der blanke Allerwerteste der Figur zeigte genau auf das Küchenfenster des Nachbarhauses, in dem Anna Hillhuber, eine allein erziehende Mutter von zwei Söhnen, wohnte.

Hasserfüllt blickte Amalia dorthin.

»Sie war es«, schrie sie, »sie hat ihn umgebracht; ich verlange, dass sie angeklagt wird, die Mörderin!«

Wenger schnippte seine Mütze aus der Stirn.

»Gute Frau«, versuchte er sie zu beruhigen, »das ist Sachbeschädigung, kein Mord. Ich werde die Ermittlungen aufnehmen, und wenn der oder die Schuldige gefunden ist, muss er oder sie Ihnen den Schaden natürlich ersetzen. – Also, wann ist das Ganze denn passiert?«

»So genau weiß ich das nicht«, erklärte Amalia mit tränenerstickter Stimme. »Um zehn Uhr war noch alles in Ordnung. Ich bin dann in den Keller gegangen, um die Wäsche zu bügeln, und als ich gegen zwölf Uhr nach oben kam, fand ich nur noch diesen Scherbenhaufen. Ich bin dann sofort zu Ihnen gelaufen.«

»Haben Sie irgendetwas gehört?«, fragte Wenger.

»In unserem Keller hört man gar nichts, außerdem hatte ich das Radio an«, schluchzte Amalia.

»Gut, das Attentat muss dann also zwischen zehn und zwölf Uhr erfolgt sein«, grinste Wenger und wandte sich zum Gehen.

Er begab sich zunächst zu dem Nachbarhaus auf der linken Seite. Dort wohnte Familie Nordmann mit drei Töchtern und einem Dackel. Als sich nach mehrmaligem Klingeln nichts rührte, fiel Wenger ein, dass Nordmanns ja in Urlaub waren und erst in 14 Tagen zurückkommen wollten. Sie schieden also als Täter aus.

Auch bei den Nachbarn auf der rechten Seite hatte er wenig Glück. Hier war nur die 92-jährige Großmutter zuhause, die schlecht sehen und kaum noch gehen konnte. Ganz selten verließ sie noch das Grundstück, und wenn, dann mit einem Rollator, also einem Gehwagen, und zusätzlich einem Stock. Ihr war der Anschlag eigentlich nicht zuzutrauen.

»Meine Kinder sind doch bei der Arbeit und kommen erst heute Abend zurück. Ich selbst war heute noch nicht draußen, und ich habe auch nichts gesehen und nichts gehört«, gab sie bereitwillig Auskunft, »aber vielleicht möchten Sie eine Tasse Tee?«

Wenger wollte keine. Er wollte möglichst schnell den Übeltäter finden, und dann wollte er zu seinem Schreibtisch zurückkehren und seine Ruhe haben.

Er fragte die beiden Buben, die auf der Straße Fußball spielten, ob sie irgendetwas gesehen hätten. Sie hätten nicht, antworteten sie beide und kriegten feuerrote Köpfe.

»Später noch einmal nachhaken!«, notierte Wenger.

Dann ging er zu dem Haus von Frau Silbereisen zurück. Als er den Vorgarten untersuchte, stellte er fest, dass auf den Gartenzwerg keineswegs geschossen worden war; er war mit mittelgroßen Steinen traktiert worden. Zwei dieser Exemplare lagen in unmittelbarer Nähe und hatten grüne und blaue Farbspuren. Damit kam praktisch jeder, der sich in der Nähe des Hauses aufgehalten hatte, als Täter in Frage.

Als Wenger gerade einen dieser Steine aufheben wollte, schrie Frau Silbereisen aus einem der oberen Fenster, er solle auf jeden Fall das Corpus Delicti liegen lassen, bis die Spurensicherung sich mit dem Fall befasst hätte.

Wenger atmete mehrmals tief durch, hob dann die Steine auf und begab sich zu dem Haus gegenüber. Auch hier meldete sich nach mehrmaligem Klingeln niemand. Dann stand plötzlich Anna Hillhuber hinter ihm, an jeder Hand einen ihrer Buben; sie mochten etwa vier und sechs Jahre als sein.

»Sie wollen zu mir?«, fragte sie, »bitte kommen Sie doch herein!«

Wenger betrat hinter ihr den Flur. »Wir können es kurz machen«, sagte er, »haben Sie etwas wahrgenommen, was mit der Zerstörung des Gartenzwerges in Verbindung stehen könnte?«

»Gartenzwerg, wieso – ich habe keinen Gartenzwerg«. Frau Hillhuber sah ihn irritiert an.

»Aber Ihre Nachbarn haben einen beziehungsweise hatten einen; er ist heute morgen mutwillig zerstört worden«, erklärte Wenger eifrig.

Frau Hillhuber schob ihn in die Küche. »Sehen Sie, da drüben steht beziehungsweise stand er«, sagte sie, »da liegen ja tatsächlich nur noch Scherben.«

»Bitte?« – Wenger konnte sie fast nicht verstehen. Die Spülmaschine ratterte wie eine Höllenmaschine.

»Entschuldigung, die Maschine ist nicht mehr ganz in Ordnung. Sie spült zwar noch einwandfrei, aber sie macht einen ungeheuren Lärm. Deswegen waren wir heute morgen in der Stadt und haben einen Monteur bestellt. Doch zurück zu dem Zwerg: Wenn Sie mich fragen, ich bin ganz glücklich darüber, dass ich nicht mehr beim Kochen auf seinen nackten Hintern schauen muss. Aber bei der Suche nach dem Schuldigen kann ich Ihnen leider nicht helfen; ich war mit meinen Söhnen den ganzen Vormittag in der Stadt; wir haben einen frühen Bus genommen und sind gerade eben zurückgekommen.«

»Das hab´ ich ja gesehen«, knurrte Wenger, »entschuldigen Sie die Störung!«

Er verließ das Haus und ging zu der gegenüberliegenden Bäckerei.

Nein, sie habe nichts bemerkt, sagte die nette Verkäuferin, außer den beiden Jungs, die schon seit zwei Stunden Fußball spielten. »Bei uns sind natürlich viele Kunden gewesen«, erzählte sie weiter, »aber weil es sich bei der Kirchstraße ja um eine Sackgasse handelt, kommen alle aus der anderen Richtung und gehen auch wieder in die andere Richtung, also nicht an den Silbereisens vorbei. – Das heißt«, fuhr sie fort, »einer ist doch in diese Richtung gegangen, Musiklehrer Thomas;

er hatte seinen Geigenkasten dabei, und ich habe nicht gesehen, dass er zurückgekommen ist.«

Peter Wenger bedankte sich. »Ich werde später noch einmal vorbeikommen«, verabschiedete er sich.

Er trat auf die Straße hinaus. Er müsste noch einmal ausführlich die Fußball spielenden Buben, den Musiklehrer und die Bäckerei-Verkäuferin befragen, dann wäre die Lösung des Falles nur noch ein Kinderspiel, sinnierte er. Pfeifend marschierte er die Straße hinauf zu seinem Büro.

Da fiel es ihm plötzlich wie Schuppen von den Augen. »Natürlich«, rief er und schlug sich mit der Hand an die Stirn. Er wusste plötzlich, wer für die Zerstörung des Gartenzwerges verantwortlich war.

Peter Wenger lief mit großen Schritten den Weg zurück und klingelte erneut bei Frau Hillhuber.

»Oh, Wachtmeister, haben Sie etwas vergessen?«, flötete sie.

Wenger nickte. »Ich habe vergessen, Sie zu fragen, wann Sie heute morgen das Haus verlassen haben.«

»Sagte ich doch schon«, antwortete sie schnippisch, »so gegen acht Uhr mit meinen Söhnen. Wir waren in der Stadt.«

»Okay«, sagte Wenger und grinste breit, »und wer hat dann nach elf Uhr Ihre Spülmaschine eingeschaltet? Sie läuft normalerweise etwa eine Stunde, und sie lief noch, als ich um zwölf Uhr neun bei Ihnen war ...«

»Verdammter Mist«, schimpfte Anna Hillhuber, »aber wissen Sie, was es bedeutet, wenn man tagaus, tagein beim Kochen auf diesen nackten Zwergen-Arsch gucken muss?«

Streit am Fenster

Maximilian Liebauge war ein außergewöhnlich gutaussehender Mann, der – besonders gegenüber der Damenwelt – überdurchschnittliche Mengen Charme zu versprühen vermochte. Daher war es nicht weiter verwunder-lich, dass ihn weibliche Wesen umringten, wo immer er sich aufhielt.

Auch seine Ehefrau Marie-Louise war seinerzeit seinem verführerischen Wesen erlegen. Sie hatte sich überglücklich geschätzt, diesen besonderen Mann für sich zu gewinnen. Wenigstens am Anfang. Nach einigen Ehe-Monaten stellte sich heraus, dass sie durchaus nicht die einzige Frau im Leben ihres geliebten Gatten war. Bei weitem nicht! Und daher kam es immer wieder zu heftigem Streit zwischen beiden.

Marie-Louise, hinter der das Vermögen ihres äußerst wohlhabenden Vaters stand, hielt nicht ihre Meinung über die vielen Liebesabenteuer ihres holden Gatten zurück, auch nicht bei geöffnetem Fenster – zur allgemeinen Erheiterung der lieben Nachbarn.

Maximilian übte bei diesen Auseinandersetzungen vornehme Zurückhaltung, aber er versuchte auch nicht, seine Frau zu beruhigen.

»Wenn du dich abreagiert hast, Liebes«, pflegte er zu sagen, »wirst du über diese harmlosen Flirts ganz anders denken. Du hast eben das Temperament deines Vaters.«

Und in der Tat: Nach relativ kurzer Zeit war Marie-Louise wieder völlig friedlich, und man konnte das Paar durch die hellgelben Wolkenstores am Abendbrottisch sitzen sehen, in trauter Zweisamkeit.

Eines Tages jedoch passierte es: Marie-Louise, mit wehendem Blondhaar, kreischte wieder einmal ihre Eifersuchtsgesänge in den Abendhimmel.

Das Fenster war geöffnet. Nachbarn konnten beobachten, wie im dämmrigen Licht Maximilian gottergeben mit hängenden Schultern im Zimmer stand. Als das Geifern gar kein Ende nehmen wollte, hob er beschwörend die Hände.

Marie-Louises Thema war an diesem Abend leicht variiert. »Kein Wunder«, schrie sie, »dass deine Weiber nichts mehr von dir wissen wollen. Ein Waschlappen bist du! Meinst du, du könntest auch nur einer einzigen Frau imponieren? Und wenn schon, dann höchstens mit *meinem* Geld. Aber ich werde dir den Gefallen nicht tun, mich scheiden zu lassen; lieber bringe ich mich um!«

Das war neu! – Bisher hatte Marie-Louise ihrem Allerliebsten immer die Pest an den schönen Hals gewünscht und gedroht, sie würde ihn eines Tages vergiften.

Dass Marie-Louise wirklich keinen guten Tag hatte, stellte sich etwa zwei Stunden später heraus. Da gab es einen schrillen Schrei und einen dumpfen Aufschlag: Marie-Louise war, anscheinend im Begriff wegzugehen und daher schon mit Mantel und Kopftuch bekleidet, aus dem Fenster gesprungen.

Auf dem Katzenkopf-Pflaster vor dem Haus hauchte sie ihr junges Leben aus, ohne dass noch jemand hätte helfen können.

Schreckensbleich war Maximilian am Fenster erschienen und dann die Treppe hinuntergehechtet. Es war zu spät. Schmerzerfüllt brach er auf der Straße zusammen.

Rettungswagen und Polizei waren schnell zur Stelle. Wiederbelebungsversuche blieben erfolglos; das Verhör begann.

Maximilian machte, halb ohnmächtig vor Gram, seine Aussage: Nach dem abendlichen Streit hatte Marie-Louise sich wieder beruhigt und war mit einem Buch in ihr Zimmer gegangen. Gegen 23.00 Uhr war sie wieder heruntergekommen, hatte ihren Mantel angezogen und einen bunten Seidenschal um den Kopf geschlungen.

Dann war sie plötzlich wie von Sinnen zum Fenster gelaufen, hatte es aufgerissen und war hinuntergesprungen.

»Und ich«, jammerte Maximilian fassungslos, »habe ihre Drohung, sich das Leben zu nehmen, nicht ernst genommen, sonst hätte ich es vielleicht verhindern können.«

Zwei Zeuginnen – ältere Damen – bestätigten, dass das Ehepaar am Abend einen heftigen Streit gehabt hatte, ebenso die herausgeschrieenen Selbstmordabsichten von Marie-Louise.

»Man kann es gar nicht glauben«, flüsterte eine der Damen ergriffen, »sie sah so jugendlich aus, fast wie ein Engel, mit ihrem langen, blonden Haar – und nun dieses Ende.«

Kommissar Kullermann nahm die Aussagen auf. Alles deutete auf Selbstmord hin. Den Sprung aus dem Fenster hatte zwar niemand gesehen, aber es gab keine Veranlassung, den Angaben von Maximilian zu misstrauen.

Inzwischen war die Tote auf eine Bahre gelegt und zu dem wartenden Wagen gebracht worden.

In diesem Augenblick stieß eine der Zeuginnen einen spitzen Schrei aus und stammelte verwirrt: »Aber ... das ist sie ja gar nicht!« Dann fiel sie in Ohnmacht.

»Das alles hat die alte Dame zu sehr mitgenommen; in diesem Alter dreht man leicht durch«, dachte Maximilian und begab sich in seine Wohnung.

Am nächsten Morgen klingelte es bei Maximilian Schönauge Sturm. Schlaftrunken taumelte er zur Tür.

»Ich verhafte Sie wegen Mordes an ihrer Frau«, sagte Kommissar Kullermann und ließ die Handschellen zuschnappen.

Maximilian war sofort hellwach. »Was soll dieser Unsinn?«, polterte er los, «ich werde mich über diese Behandlung beschweren.«

Der Kommissar blickte ihn scharf an.

»Fast hätten Sie Glück gehabt«, sagte er, »alle waren davon überzeugt, Ihre Frau hätte Selbstmord verübt. Aber dann hat die alte Dame gesehen, dass die Tote eine Kurzhaarfrisur trug. Wie erklären Sie sich das?«

Maximilian war weiß wie die Raufaser-Tapete im Flur. Er brachte keinen Ton heraus.

»Bemühen Sie sich nicht«, fuhr der Kommissar fort, »ich habe schon mit dem Friseur Ihrer Frau gesprochen; sie hat sich bereits am Vormittag die Haare abschneiden lassen. Demnach musste die Frau am Fenster mit wallender blonder Mähne eine andere gewesen sein. Wir wissen, dass Sie diese Rolle einer ihrer Freundinnen zugedacht hatten. Sie hat bereits ein Geständnis abgelegt.«

»Als ihre Frau später wirklich nachhause kam«, erklärte der Kommissar weiter, »haben Sie sie, noch mit Mantel und Kopftuch, aus dem Fenster gestoßen. Von dem morgendlichen Friseurbesuch und der neuen Kurzhaar-Frisur ahnten Sie natürlich nichts.«

In der folgenden Nacht saß Maximilian Schönauge in einer Zelle des Untersuchungsgefängnisses und vergoss bittere Tränen. Nicht um seine verblichene Ehemalige, sondern wegen all der hübschen Mädchen, auf die er nun für viele Jahre würde verzichten müssen ...

Irene Thomae

Albtraum

Natürlich habe ich keine Schuld, genauso wenig, wie die beiden Männer. Wir haben den Schock dieser unseligen Urlaubsreise ganz gut überwunden. Wieder daheim, im friedlichen Odenwald, scheint tagsüber alles, was letztes Jahr in Portugal geschehen ist, weit weg zu sein. Das Leben nimmt seinen gewöhnlichen Lauf. Im Grunde ist es für uns alle das Beste, dass Ina tot ist. Nur nachts kann ich seitdem nicht mehr schlafen. Der Albtraum, der mich schreiend auffahren lässt, ist immer gleich:

Aus der grellen Sonne treten wir in die schattige Kühle der Kathedrale von Coimbra. Vor dem Altar erkenne ich eine thronende Gestalt, davor eine Reihe von Menschen in demütiger Haltung. Nacheinander lassen sie sich vor dem Thron auf die Knie fallen und küssen der Gestalt die Hand. Plötzlich erblicke ich den Engel aus Porto. Er schreitet uns entgegen, schaut uns prüfend in die Augen und weist uns unsere Plätze in der Prozession an. Allmählich rücken wir näher an die verhüllte Gestalt heran. Es riecht modrig. Schon ist Heiko vor dem Thron. Der Engel legt ihm die Hand auf die Schulter, so schwer, dass Heiko in die Knie bricht. Ich höre ihn stöhnen, als er den Handkuss absolvieren muss. Dann kniet Konrad nieder, aber er wendet den Kopf ab. Der Engel packt meinen Mann und zwingt ihn, die Hand der Thronenden zu küssen. Konrad würgt. Dann bin ich an der Reihe. Ich knie im Atem nehmenden Dunstkreis der Gestalt. An der knochigen Hand hängen Hautfetzen. Ich hebe meinen Kopf und stiere hinauf. Unter einer Brokathaube hervor starrt ein Totenschädel zurück.

»Inés!«, schreie ich.

Jede Nacht schreie ich seither »Inés!«. Jede Nacht wache ich schweißgebadet auf, dusche und ziehe mich an, denn an Schlaf ist nicht mehr zu denken. Natürlich haben Konrad und ich inzwischen getrennte Schlafzimmer. Er braucht seine Nachtruhe. Dafür habe ich Verständnis. Wir achten und lieben uns, auch wenn wir schon fünfzehn Jahre lang verheiratet sind. Ich werde nicht zulassen, dass diese Ehe zerstört wird. Konnte die lebendige Ina ihr während unserer gemeinsamen Urlaubsreise, die so tragisch endete, nichts anhaben, so wird es einer toten Inés erstrecht nicht gelingen.

Wenn ich nur wüsste, wie ich mir diese mittelalterliche Schauergeschichte aus dem Sinn schlagen könnte! Was geht es mich an, dass im alten Portugal eine gewisse Inés ermordet wurde und König Pedro der Toten huldigen ließ! Ina und Inés, beide will ich vergessen, um endlich wieder schlafen zu können. Ich habe doch eigentlich nichts getan! Warum plagt mich dann mein Gewissen?

Es begann in Porto. In der alten Wehrkirche hoch über dem Fluss gibt es einen Raum mit Figuren und hier wiederum den Engel aus bemaltem Holz. Fast lebensgroß steht er da, den Arm leicht erhoben und den Blick um Haaresbreite am Betrachter vorbei in himmlische Gefilde gerichtet. Das zarte Rot auf den porzellanbleichen Wangen wird seinerzeit so manchem Mönch einen Hauch Farbe ins Gesicht gezaubert haben, wenn er versuchte, den Blick einzufangen. Dann die Augen niederzuschlagen, wird nicht geholfen haben, denn wie zufällig teilen sich die Falten des Gewandes über dem Knie und geben ein sanft gerundetes Bein den Blicken preis. Feine Zehen schmiegen sich unter die Riemen der Sandalen. Gleich wird ein schmaler Fuß sich zum Schritt heben, ins Himmelreich, in einen Traum oder in das Herz des hingerissenen Betrachters.

Ich sah, wie fasziniert Ina und Konrad den Engel betrachteten; ich sah den Blick, mit dem sie einander suchten und fanden, aber mir wurde erst später klar, dass es sie hier, in dieser Sekunde, getroffen haben musste. Ina war meine beste Freundin. Ich wusste, dass sie mit Heiko nicht glücklich war. Heiko ist ein zuverlässiger, nüchterner Mensch. Als Ina ihm begegnete, war sie frisch geschieden, besaß keinen Pfennig, aber ein Kind, und hatte es so satt, sich um alle Probleme selbst kümmern zu müssen, dass sie sich gerne seine Fürsorge gefallen ließ. Seine Leidenschaft für Logik fiel ihr erst nach einigen Jahren auf die Nerven, dass dies jedoch seine einzige Leidenschaft war, bemerkte sie sehr bald. Sie betrog ihn diskret und so oft, wie sie es für richtig hielt. Ich konnte es ihr nicht verübeln. Aber musste Ina sich auf unserer Reise unbedingt in meinen Mann verlieben? Ich wollte es zunächst nicht glauben. Die Zeichen mehrten sich. Ich war fassungslos und sprach mit ihr. Sie tat, als wüsste sie nicht, wovon ich rede. Ich sprach mit Konrad. Er sagte, ich wäre albern.

In Peniche, der Hafenstadt am Atlantik, gingen wir bei Regen und Wind über den Fischmarkt. Bleichsilberne Makrelen, Heringe mit stieren Augen und Knäuel abgekämpfter Tintenfische wurden feilgeboten. Abseits hockten Möwen mit gelben Hakenschnäbeln, nach Abfällen gierend. Konrad und Ina schlenderten voraus. Heiko und ich folgten. Als ich zusehen musste, wie Ina sich fröstelnd an meinen Mann schmiegte und er ihr wie selbstverständlich den Arm um die Schultern legte, traten mir vor Wut und Machtlosigkeit Tränen in die Augen. Ich bat Heiko um ein Taschentuch.

»Was ist denn?«, fragte er.

»Der Wind.«, sagte ich. »Kalt, der Wind vom Atlantik.« Er war so ahnungslos.

Ab Lissabon wurde es unerträglich. Nur Heiko brachte es fertig, nicht wahrzunehmen, wie verliebt Ina in Konrad war und wie geschmeichelt mein Mann sich fühlte. Im Café Brasileira, wo uns greise Kellner und verblichene Pracht empfingen, war ein freundlicher Alter so begeistert von der Ausstrahlung der beiden Verliebten, dass ihm beim Servieren das Besteck zu Boden purzelte. Ina und Konrad lachten ihn an. Sie lachten viel in dieser Zeit, während mein Herz hart wurde.

Endlich sprach ich mit Heiko. Er brauchte eine Weile, um zu begreifen, was ich meinte, wollte es nicht wahrhaben. Aber er fing an zu beobachten. »Wie lange geht das schon?«, fragte er mich. »Vom ersten Tag an; und zu Hause wird es weitergehen.«, sagte ich.

Gegen Ende unserer Reise, am Samstag in Alcobaca, fragte er: »Glaubst du wirklich, Ina könnte mich hintergehen?« Ich nickte.

»Warum bist du so sicher?«

Da brach es aus mir heraus: »Weil sie es schon oft genug getan hat!« Heiko wurde kreidebleich. Er blieb stehen und rang nach Luft. Als er sich gefasst hatte, eilten wir den beiden hinterher, die zur Klosterkirche vorausgegangen waren Sie war geschlossen. Heiko studierte den Zettel. »Renovierungsarbeiten!«, übersetzte er. »Wartet, ich besorge uns den Schlüssel.«

Durch einen Nebeneingang gelangten wir ins Querschiff. Dort standen, abgedeckt mit Baustellenfolie, die Sarkophage von König Pedro und Inés.

»Heiko, warum heißt es, Alcobaca wäre der Wallfahrtsort der Liebenden?«, wollte Ina wissen.

»Ich habe den Reiseführer nicht dabei.«, war seine knappe Antwort.

»Mal sehen, was in meinem steht.«, bot ich an.

»Die Geschichte begann 1328, als Pedro sich in Inés, eine Hofdame seiner Ehefrau verliebte. Nach dem frühen Tod seiner Frau heiratete er Inés. Pedros Vater, der amtierende König, fand das absolut nicht standesgemäß und sorgte dafür, dass Inés mitsamt ihren Kindern ermordet wurde. Zwei Jahre später, nach seines Vaters Tod, war König Pedros Rache fürchterlich. Er ließ den Mördern die Herzen herausreißen, seine geliebte Inés aus dem Grab holen und auf einen Thron in der Kathedrale von Coimbra setzen. Der gesamte Hochadel musste mit Handkuss der Toten als Königin huldigen. Dann wurde die Leiche nach Alcobaca überführt und in einen Prunksarkophag gebettet. Seinen eigen Sarkophag ließ Pedro dem ihren gegenüber aufstellen, damit am Tage der Auferstehung ein jedes zuerst das andere geliebte Wesen erblicke.«

«Gräßlich!«, murmelte Heiko.

»Das nenne ich Liebe!«, lachte Ina.

Im Turm der Klosterkirche tasteten wir uns die ausgetretene Wendeltreppe empor, die sich zu einem Zwischengeschoss weitete. Über Bretter und Schutthaufen, vorbei an der ungesicherten Öffnung für die Glockenseile, balancierten wir zur Holztreppe gegenüber, die weiter nach oben führte. Ich fand den Blick über die Stadt Schwindel erregend und hielt mich an der Balustrade der Plattform fest. Straßenlärm brandete zu uns herauf. Der Wind toste um Zinnen und Pfeiler. Ina strahlte meinen Mann an, der sie spontan umarmen wollte. Da drängte Heiko sich zwischen die beiden. Er sagte etwas, das ich wegen des Windes nicht hören konnte. Konrad wich zurück. Ina lachte und schüttelte den Kopf, dass die dunkle Mähne flog. Heikos Gesicht verzerrte sich. Er sprach auf Ina ein, dabei die Arme rechts und links von ihr auf die Brüstung stemmend. Ina machte einen Befreiungsversuch. Heiko zwang sie fester in seine Armklammer. Ina suchte Konrads Blick. Mein Mann trug eine halb amüsierte, halb betretene Miene zur Schau. So unbeherrscht kannte er seinen Freund nicht. Jetzt musste Heiko wohl etwas gesagt haben, das Ina getroffen hatte, denn sie hob den Kopf und zischte ihm voller Verachtung ihre Antwort ins Gesicht. Er wurde blass vor Wut. Ina lachte ihn aus. Er hob den rechten Arm und hätte sie zweifellos geschlagen, wenn Ina nicht flink darunter durchgeschlüpft wäre. Sie rannte zur Turmluke und hielt inne.

»Er sagt, er liebt mich!«, übertönte sie das Brausen von Wind und Verkehr, höhnisch auf Heiko weisend.

»Was versteht wohl einer von Liebe, der seit Jahren keine Frau mehr im Bett hatte, nicht mal die eigene?« Und, mich anfunkelnd: »Du wirst mir den Spaß jedenfalls nicht verderben, du Verräterin!«

Laut lachend über mein bestürztes Gesicht winkte sie Konrad, ihr zu folgen und sprang mit gerafftem Rock die Turmstiege hinab. Konrad wollte ihr nach, Heiko schnitt ihm jedoch den Weg ab und eilte seiner Frau hinterher.

Unter peinlichem Schweigen stiegen Konrad und ich ab. Unten führte eine Seitentür des Turmes ins Freie. Heiko wartete schon auf uns. Er brachte den Schlüssel zurück. Von Ina war nichts zu sehen. Sie ließ sich auch zum Abendessen im Hotel nicht blicken. Heiko verlor kein Wort darüber, bis Konrad es nicht mehr aushielt und nach ihr fragte. Gelassen hob Heiko die Schultern: »Keine Ahnung, wo sich sich herumtreibt. Ist mir auch egal. Los, trinkt noch etwas!«

Er sorgte dafür, dass die Gläser nicht leer wurden. Mein Mann trank wortlos. Ich hielt wacker mit. Aber Konrad wurde zusehends unruhiger. Irgendwann sagte er: »Wir müssen Ina suchen.«

«Nur zu, alter Freund, such sie! Such, such!« äffte Heiko mit schwerer Zunge. Ich weiß noch, dass die Männer anfingen, sich zu streiten und der Wirt sie beruhigen musste, weiß aber nicht mehr, wie wir auf die Zimmer gelangten.

Am Morgen, völlig verkatert, brauchten wir eine Weile, um zu begreifen, dass Ina immer noch verschwunden war.

Wir baten an der Rezeption um Hilfe. Es ging dann alles sehr schnell, zumal ein Hotelangestellter dolmetschte. Zwei Polizisten eröffneten uns mit teilnehmenden Worten, dass sie Ina gefunden hätten. Sie führten uns in die Klosterkirche. Dort lag Ina zwischen den beiden Sarkophagen, mit grotesk verrenkten Gliedern, das weiße Kleid blutgetränkt. Heiko stand starr. Dann wandte er sich ab, stürzte zu einem Maurerkübel und erbrach sich. Mein Mann wankte und verbarg die zitternden Hände in den Hosentaschen. Ich fühlte mich wie erfroren.

Den beiden höflichen Polizisten mussten wir einige unangenehme Fragen beantworten. Ja, wir hätten Ina alleine hinabsteigen lassen, weil sie es eilig hatte. Nein, einen Schrei hätten wir nicht gehört. Nein, es hätte keine Unstimmigkeiten zwischen uns gegeben. Sicher, man hätte schon am Abend nach ihr suchen können, aber wir hätten keinen Grund zur Sorge gehabt. Und dann hätten wir ja auch ein bisschen viel Wein getrunken gestern Abend.

Die Untersuchungen und Formalitäten dauerten fast eine Woche. Dann durften wir weiter nach Porto und von dort nach Hause zurück. An der Trauerfeier konnte Heiko nicht teilnehmen; ein Nervenzusammenbruch brachte ihn nach Heppenheim, in die Psychiatrie.

Inzwischen geht es ihm wieder gut. Er spricht nicht darüber. Überhaupt reden die beiden Männer kaum noch miteinander. Aber es ist alles in Ordnung. Niemand hat Schuld. Ich bin keine Verräterin. Mit der Zeit wird meine Erinnerung sich verändern, so dass mein Gewissen sich beruhigt. Und wenn die Alpträume aufhören, kann ich endlich um unsere Freundschaft weinen.

Klaus-Peter Walter

Bauernkrieg

Im Jahre 1908 ging Heinrich Völker aus Dieburg zur Feier seiner erfolgreichen Promotion mit seinen drei älteren Brüdern nach Semd zum Kerwe-Tanz. Es waren vier kräftige junge Herren, aus deren kurz geschorenem Haar blutrot die Schmisse hervorleuchteten, die ihnen von mannhaft ausgefochtenen Mensuren in ihren Burschenschaften geblieben waren.

Der Erfolg der Studiosi bei den tanzwilligen Mädeln missfiel den tanzwilligen Burschen, man zettelte einen Bauernaufstand an und stürzte sich mit Stuhlbeinen oder der bloßen Faust auf die Studierten. Die drei älteren Brüder trotzten in der Saalmitte dem Ansturm und schubsten die Angreifer der Reihe nach zu dem an der Tür postierten Heinrich, der sie die steile Treppe hinunterexpedierte.

Einer der solchermaßen Gestürzten war der Müllersohn Johannes Gest aus Weitengesäß, der in Semd das Ende seiner Militärdienstzeit in einem hessisch-darmstädtischen Infanterie-Regiment feierte. Er brach sich das Bein und behielt eine lebenslange Gehbehinderung zurück.

Der Zufall wollte es, dass die väterliche Gesten-Mühle genau neben dem Hof eines Landwirts lag, der mit den schlagkräftigen Völkerbuben einen gemeinsamen Urgroßvater teilte. Der Vorfall veranlasste die Familie Gest, ihren Nachbarn ewige Feindschaft zu schwören. Seither wird jene Wirtshausprügelei nach den Siegern »Völkerschlacht von Semd« genannt. Sie hatte eine unvergleichlich lange Wirkungsgeschichte. Noch im Jahre 2001 wurde der Landwirt Wilhelm Gest aus Weitengesäß – der Enkel jenes die Treppe Hinuntergeworfenen – vom Amtsgericht Michelstadt wegen Missbrauchs der Justiz zu dreißig Tagessätzen à 30 Euro verurteilt wegen der unzähligen Prozesse, die er seit nunmehr dreißig Jahren gegen seinen Nachbarn Georg Völker geführt hatte.

»Aus nichtigen Anlässen«, wie Amtsrichter Dr. Keil betonte. So hatte Gest unter anderem wegen des Muhens einer Kuh prozessiert, wegen eines angeblich vorenthaltenen Wegerechts, wegen eines Baumes, der angeblich zu weit in das Nachbargrundstück hineinragte und wegen zahlloser anderer Dinge von kolossaler Belanglosigkeit. Die geheiligte Überlieferung von Großvater Georgs Gehbehinderung aus dem Jahre 1908 wurde von den Vätern auf die Söhne als immerwährende Verpflichtung weitergegeben, die Feindschaft mit den Nachbarn weiterzupflegen.

Wären jedoch nach dem Zweiten Weltkrieg an die Stelle der Dorfläden, deren Kunden sich alle untereinander kannten, nicht anonyme Supermärkte und Bauparks getreten, hätte vermutlich irgendwann jemand den alten Gest gefragt, »wozu brauchst'n du alter Stiesel 'ne ganze Palette Haarspray?« Dann wäre vielleicht alles gar nicht so weit gekommen

Hauptkommissarin von Erbach-Rodenstein und ihr Kollege Exl kamen gegen elf Uhr vormittags auf den Völkershof. Briefträger Horst Kriechbaum hatte Georg Völker tot im Matsch gefunden. Offenbar war er vom Dach seiner Scheune gestürzt. Er lag mit ausgebreiteten Armen auf dem Rücken, die Augen und den Mund, der einen stummen Schrei gen Himmel zu schicken schien, weit offen. Die Kühe muhten, sie wollten gefüttert oder gemolken werden.

»Erbach-Rodenstein, Kripo Erbach«, stellte die Kommissarin sich vor, »mein Kollege Exl.« Sie zeigte ihren Ausweis, Exl nickte nur. Er stand im Matsch und hatte Angst um seine 450-Euro-Schuhe.

»Sie kennen den Toten?«

»Ei natürlich, das ist der Schorsch Völker. Dem gehört das hier.«

»Lebt er allein?«

»Ach wo! Dem sei' Frau ist nur verreist, zu ihrer kranken Mutter. Die Kinder, der Christoph und die Marie-Louise, die studieren, die Kleine sogar in Hongkong! Der Schorsch wollt' das Dach von der Scheuer noch schnell fertig decken, weil für Freitag wieder Regen gemeldet ist.«

Bemüht, keine Spuren zu zertrampeln, besah sich Exl den Toten.

»Komisch«, rief er, »das Gebrösel am Bauch! Sieht aus wie zermatschter Apfel! Wenn da mal kein Fremdverschulden vorliegt!«

»Okay! Ruf die Spurensicherung!«

Als die Kommissarin dem Briefträger mitteilte, dass er noch zur Abnahme eines Fußabdrucks dableiben müsse, fluchte er leise und rief jemanden auf seinem Handy an.

»Ich kann doch nix dafür! Kann nicht die Esmeralda… ? Ja, Ende.«

»Haben Sie jemanden gesehen?« wollte die Kommissarin weiter wissen.

»Nein. Sind ja alle weg.«

»Wer wohnt denn da drüben im Nachbarhof?«

»In der ehemaligen Mühle? Der Willy Gest. Der allerbeste Feind vom Schorsch.«

»Ach?«

»Naja, der ist 'n bisschen plemm-plemm. Wegen jedem Scheiß prozessiert der gleich. Ihr Freund, also ihr damaliger Freund, hat die Marie-Louise mal sonntags morgens nach der Disko nach Hause gebracht. Die zwei haben sich zehn Minuten lang voneinander verabschiedet. Bei laufendem Motor. Da ist der gleich zum Kadi gerannt.«

Exl pflichtete bei.

»Das war schon so, als ich noch bei den Schupos war. Der Völker brauchte auf'm Hof nur einen fahr'n zu lassen – schon hat der Gest uns angerufen! Es war furchtbar!«

Die Kommissarin lachte. Dann kamen der Arzt und die SpuSi, und alle gingen an ihre Arbeit. Exl lief zur Gestenmühle hinüber. Ein Kettenhund tobte vor Wut bei seinem Anblick, sonst war niemand da.

Als er am Nachmittag ins Büro zurückkehrte, wartete ein Junge mit Baseballkappe und Schlabberhosen auf dem Besucherstuhl, einen Rucksack neben sich auf dem Boden. Als Exl eintrat, stand er sofort höflich auf.

»Guten Tag!«

Erstaunt begrüßte Exl ihn und stellte erst sich vor, dann die Kommissarin, die gerade hereinkam.

»Ich heiße Maik Gest. Ich bin gleich nach der Schule hergekommen, weil ... ich bin schuld.«

»Woran?«

»Naja, am Tod vom alten Völker.«

»Das verstehe ich jetzt noch nicht so richtig.« Die Kommissarin setzte sich hin und fischte einen Euro aus ihrem Aschenbecher.

»Zieh dem Maik doch mal eine Cola, falls der Automat ausnahmsweise funktioniert.«

Exl nickte und ging.

»Doch, ich bin schuld. Muss ich jetzt hierbleiben?«

»Na, so schnell geht's nicht! Also, wieso glaubst du, dass du am Tod von eurem Nachbarn schuld seist?«

Statt einer Antwort angelte Maik einige zerknitterte, fleckige Computerausdrucke aus dem Rucksack und hielt sie der Kommissarin hin. Offenbar die Bauanleitung für eine Art Panzerfaust.

Während sie sie betrachtete, kam Exl herein und stellte eine Cola-Dose vor Maik auf den Schreibtisch. Als er die Blätter sah, war er entsetzt.

»Hast du etwa so ein Ding gebaut?«

Maik nickte betreten.

»Mit Opa Willy. Meine Eltern sind gestorben. Ich lebe bei ihm.«

»Und ihr habt das ausprobiert?«

Wieder nickte Maik.

»Ein paar Mal!«

Die Kommissarin reagierte ärgerlich.

»Kann mir mal jemand sagen, um was es hier überhaupt geht?«

»Das ist eine Trash-Gun!« erklärte Exl. »Hast du die Rundmail vom LKA nicht gelesen? Hochexplosiv, zum Selberbasteln für Hobby-Artilleristen. Verschießt Tennisbälle, PCB-Flaschen und so'n Scheiß! Da gibt's ganze Clubs in den USA! Wo ist dein Opa jetzt? Zuhause war er nicht!«

»Ich weiß, wo er sein könnte!«

Exl schnappte den Autoschlüssel.

»Womöglich bringt er sich um. Du weißt doch, was der Briefträger gesagt hat. Komm mit!«

Er winkte Maik zu, der ihm sofort folgte.

»Ich melde mich«, erklärte Exl noch rasch beim Hinausgehen. Die Kommissarin blieb etwas verdattert zurück.

Sie fuhren zur Mühle, wo Maik aus dem Stall ein zwei-Meter-Abflussrohr aus grauem Plastik holte. Am einen Ende saß eine Art Trommel, ebenfalls aus Sanitärteilen. Schwarzes Klebeband hielt alles zusammen: Die Trash-Gun. Nachdem Exl sie im Kofferraum verstaut hatte, fuhren sie weiter. Maik zeigte den Weg.

»Halt, da ist er! Opa!«

Am Waldrand, auf einer Bank mit Blick ins Tal, saß unrasiert, in einem blauem Overall und Gummistiefeln, Gest.

»Mein Lieblingsplatz«, erklärte er. »Ich wollte noch einmal hier ... bevor ...« Er hob hilflos die Arme.

»Der Bub kann nichts dafür. Er hatte die Bauanleitung aus dem Internet. Alles Teile aus dem Baumarkt. Mit einem Haarspray-Luft-Gemisch als Treibladung. Da hab' ich gedacht, okay, das bauen wir! Und als ich den Schorsch auf dem Dach seh', in aller Frühe, da denk' ich: jetzt jaach ich dem mal 'n schönen Schreck ein! Ich ziel' und zieh' ab. Vorn raus eine Stichflamme – mindestens einen Meter! Und ein Schlag! Maik sagt noch ›Opa, hör auf!‹ Aber da hatt' ich schon getroffen! Ich hab ihn dann trotzdem noch in die Schul' g'schickt. Echt, ich wollt' den Schorsch nur erschrecken! Ich hätt' nie gedacht, dass das Ding eine solche Wuppdizität entwickelt! Und alles nur, weil da einer vor hundert Jahren gehinkt hat!«

Und er erzählte die Geschichte von der »Völkerschlacht bei Semd«.

»Der Johann hat nicht mehr die Frau gekriegt, die er wollte, und alles auf das Gehinke geschoben. Und das Gehinke auf die Völkers! Und dann ist die Frau, die er geheiratet hat, ohne sie zu mögen, weg, und wieder waren's die Völkers. Und mein Vater hat's geglaubt und ich auch!«

»Sagen Sie«, wollte Exl wissen, »das Ding heißt doch ›Trash-Gun‹. Mit was haben Sie geschossen? Mit einem Apfel?«

Gest nickte.

»Klar! Ich hab' natürlich einen von meinen grauen Renetten genommen. Der hat ihn glatt vom Dach gehauen. Ich ... ich hätt' nie gedacht, dass es funktioniert! Dabei schmecken die doch so gut!«

Findikus

Die Einbrecher rechneten nicht damit, dass eine behinderte Frau mit einer 44-er Magnum auf sie schießen würde. Sie starben echt überrascht.

»Lass uns in Ruhe!«

Papa war einige Jahre nach seiner Pensionierung als Forstoberrat nach Weidengesäß auf den Bauernhof gezogen, den Mutter mir lange vor ihrem Tod überschrieben hatte. Dort machte er mit drei anderen Pensionären – einem Oberst, einem Richter und einer Studienrätin – eine Senioren-WG auf. Danach wollte er plötzlich nichts mehr von mir wissen. Obwohl er so stolz auf meine Ernennung zur Kommissarin gewesen war! Und so traurig, als ich den Polizeidienst nach einem schweren Verkehrsunfall quittieren und in Berlin meine Agentur FINDIKUS gründen musste! FINDIKUS spürt die Banknachbarin aus der Grundschule wieder auf. Zum Beispiel. Meine Idee, FINDIKUS vom Hof aus zu leiten und die Vier zu betreuen, schmetterte Papa ab.

»Und komm nie wieder hierher!«

Tat ich auch nicht. Pü!

Bei meinem Rauswurf lagen sechsunddreißig Fichten des Hauswäldchens noch genau da, wo Wirbelsturm Wiebke sie vier Jahre zuvor, 1990, hingekegelt hatte. Papa hätte meine Hilfe sicherlich gut brauchen können, denn ich besitze außer dem LKW-Führerschein und dem Jagdschein auch den Fachkundenachweis für das Führen von Motorsägen. Aber wer nicht will, der hat schon!

Offiziell ignorierte ich Papa. Zehn Jahre lang. Trotzdem blieb ich im Bilde, denn ich hatte ein heimliches Auge vor Ort. Zuletzt lief es gar nicht gut. Der Notarzt war ständig bei den Vieren, die sehr zurückgezogen lebten, sieht man von regelmäßigen Besuchen einer rothaarigen Frau um die Fünfzig mit russischen Zügen in einem schwarzen Audi A8 Avant mit Frankfurter Nummer ab. Mein heimliches Auge hat sie sogar einmal fotografiert. Dennoch erwischte mich der Anruf meines früheren Kollegen Kommissar Elmar Kabel aus Erbach eiskalt.

»Sitzt du gut, Erika?«, begann er. Dann sprach er mir sein Beileid zu Papas Tod aus.

»Wie, tot?«

»Erweiterter Selbstmord! Eindeutig!«

Die Lehrerin habe, erklärte er, an Krebs im Endstadium gelitten. Daraufhin hätten die drei anderen im Angesicht drohender oder bereits eingetretener Hinfälligkeit den gemeinsamen Freitod geplant. Der Oberst habe mit einer P1 erst den Richter und Papa, dann sich selbst erschossen; die Lehrerin habe den Tod durch Einnahme eines Tablettencocktails vorgezogen. Die Polizei sei zeitverzögert mit einer vorprogrammierten SMS alarmiert worden.

»Du weißt schon: Sterntaste, *later* in Großbuchstaben, die Zahl der Stunden, um die verzögert werden soll, dann der Text.«

Testamente, Ausweise, Urkunden und ein von allen unterschriebener Abschiedsbrief, so Elmar weiter, hätten wohlgeordnet bereitgelegen. Fremdverschulden sei auszuschließen, die Toten würden wohl nach der Obduktion zur Bestattung freigegeben.

»Morgen früh bin ich da!«, versprach ich.

Ich überließ mein Büro dem Praktikanten und kam nach elend langer Bahnfahrt am nächsten Morgen stark übernächtigt in Erbach an. Elmar holte mich ab und fuhr mich gleich hinaus.

»Vielleicht fällt dir ja etwas auf.«

Nun, mir fiel auf, dass das Gelände nicht nur rundherum mit Zypressen zugewachsen war, sondern auch von einem stabilen Metallzaum umgrenzt wurde. Das Haus war frisch gestrichen, das Dach neu gedeckt und der Stall zur Garage umgebaut. Ein topgepflegtes Mazda-MX-5-Cabrio und ein uralter ramponierter Unimog mit Baggeraufbau standen fahrbereit darin. Mich wunderten nur die Alarmanlage und die vielen Überwachungskameras. Ausdruck seniler Paranoia?

»Haben sie alles dir vermacht«, verkündete Elmar.

»Auch die Motorsäge?«

»Die auch! Und die Fahrzeuge!«

Von den sechsunddreißig umgestürzten Fichten lagen sechzehn noch immer kreuz und quer, mit senkrecht emporragenden Wurzeltellern im Hauswäldchen. Die Stämme der übrigen entwurzelten Bäume waren so abgesägt worden, dass die Wurzelteller in ihre Gruben zurückgekippt waren.

Die Lehrerin und der Richter hatten zusammengewohnt. Papas Zimmer erkannte ich sofort an seinen Möbeln, den unzähligen Büchern und seiner Bibel auf dem Nachttisch. Daneben lag ein russischer Thriller.

»Papa konnte kein Russisch«, meinte ich. »Gehört sicher dieser rothaarigen Russin.«

»Welcher Russin?«

»Einer im dicken Audi mit Frankfurter Kennzeichen.«

»Wer soll das sein?«

»Gib mir mal deine Handynummer!«

Ich simste sie meinem Praktikanten und bat um die Übermittlung einer bestimmten Bilddatei. Wenige Minuten später hatte Elmar die Rothaarige nebst Auto auf dem Display.

»Der Sache werd' ich mal nachgehen«, versprach er.

In den nächsten Tagen organisierte ich nicht nur Papas Beerdigung, sondern auch die des Obersten, der anders als die Lehrerin und der Richter keine Angehörigen gehabt hatte. Als alles vorüber war, entließ ich den Praktikanten und verlegte FINDIKUS in den Odenwald.

Hätte ich bloß nicht noch am selben Tag diese Patronenhülse Kaliber 44er Magnum im Hauswäldchen gefunden! Die passte weder zu der 9-mm-P1 des Obersten, noch dürfen Jäger so was benutzen. Seltsam!

Tags darauf rief Elmar wieder an.

»Volltreffer, Erika! Deine Rothaarige war Sweta Kirowa. Ärztin. Und Schwester von Viktor Kirow. Russenmafia, Filiale Südhessen.«

»Aber wieso *war*?«

»Weil sie um den Tod deines Vaters herum spurlos verschwunden ist. Pass auf dich auf!«

In diesem Moment fiel spontan die Entscheidung. Ich beendete das Gespräch ohne Erwähnung der Hülse.

Dann nahm ich mir gründlich sämtliche geschäftlichen Unterlagen vor. Ein großer Teil des Windbruchs war als gebrauchsfertig zersägtes Kaminholz verkauft worden. Okay! Aber einem Häuslebauer hatten sie fünfundzwanzig Kubikmeter Mutterboden geliefert. Die wiegen fast vierzig Tonnen! Wo hatten denn hier solche massiven Erdbewegungen stattgefunden? Und wozu hatten sie im Toom-Baumarkt in Michelstadt ganze LKW-Ladungen Backsteine, Zement, Ätzkalk und eine Eisentreppe gekauft? Wo war das Zeug abgeblieben?

In Papas Bibel auf dem Nachtisch fand ich im Buch Nahum einen Zettel mit meinem Namen in Papas Schrift. Vers fünf des zweiten Kapitels über »die Wagen, die einherfahren wie Blitze«, war rot angestrichen. Sofort knöpfte ich mir die Stallgarage vor.

Nach einer regelrechten Schnitzeljagd, die bei dem MX-5 begann und nach etlichen Umwegen beim Unimog endete, wuchtete ich schließlich mit dem Bagger eine runde Betonplatte an einem darin eingelassenen Eisenring aus dem Erdreich des Hauswäldchens.

Über eine eiserne Treppe (aha!) stieg ich hinunter in einen unterirdischen Bunker. Mit Backsteinwänden (aha, aha!). Soviel zur Frage der Erdbewegungen!

Es gab sogar elektrisches Licht. Ich fand – keine rothaarige Leiche! – mehrere Sack Ätzkalk (dreimal aha!) und eine Sammlung von Revolvern und Pistolen verschiedenster Kaliber mit jeder Menge Munition. Sogar eine israelische Desert Eagle 44er Magnum (abermals aha!). Dazu mehr als einhunderttausend Euro in bar und pfundweise Goldmünzen! Und auf einem Blatt Papier die Skizze des Hauswäldchens mit den umgestürzten Bäumen. Bei etwa zwanzig davon war neben einem Kreuz ein hoher Geldbetrag notiert. Papas Schrift!

Ein böser Verdacht keimte in mir auf! Ich schnappte die Desert Eagle mit einem Päckchen Patronen – das Ding musste ich unbedingt ausprobieren! – und stieg nach oben. Dort zerrte ich mit Hilfe des Unimogs nicht ohne Mühe den einzigen Baumstumpf, neben dem noch ein Stamm lag, mitsamt Wurzelteller aus seinem Bett. Es war voll weißen Ätzkalks (neuerliches Aha!). Zwecks besserer Zersetzung! Ich konnte nicht viel, aber eines deutlich erkennen: Sweta Kirowas rote Mähne. Schnell verschloss ich das Grab wieder. Nun wurde mir klar, was unter den anderen Baumstümpfen lag! Darum also war ich so unwillkommen gewesen! Papa und die anderen hatten hier oben scheint's gegen fettes Entgelt Opfer der Frankfurter Russenmafia entsorgt! Und sie womöglich zuvor selber hingerichtet! Nicht zu fassen! Die Entscheidung, ob ich Elmar einweihen sollte, vertagte ich lieber.

Dank der vorhandenen Überwachungstechnik überraschte ich in einer der folgenden Nächte zwei Männer mit Sturmhauben, wie sie das Zimmer des Obersten filzten. Als sie Pistolen zogen, blieb mir keine Wahl.

»*Very sorry, honey!*«

Mir tat's auch leid. So eine Magnum reißt Riesenlöcher!

Es waren ein Schwarzer und ein Weißer. An Papieren hatten sie nur amerikanische Führerscheine bei sich, beide auf den Namen Mike Jackson. Waren das Gangster oder Agenten?

Ich ließ sie draußen verschwinden, wo noch Platz für sechzehn von ihrer Sorte war. Ihr schwarzer 7er-BMW fährt heute silbergrau irgendwo in Rumänien herum. Seit damals brauche ich ein Hörgerät, denn ich hatte die Desert Eagle im geschlossenen Raum abgefeuert. Aber ich hinke ja auch, also was soll's?

Die Frage ist nur: war das mit Papa wirklich kollektiver Selbstmord? Oder raffiniert getarnter Mord? Welche Rolle spielten die Russen? Welche die Amis? Und warum eigentlich ist Sweta tot? Keine Ahnung! Ich will nur Papa da 'raushalten!

Die Waffen im Bunker hebe ich auf. Man weiß ja nie, was kommt! Das Geld auch. Statt Riester-Rente.

Übrigens: Sollte mir etwas zustoßen, bringen Sie bitte diesen Text Elmar Kabel. Danke schön!

Malo moriri

Unser Dorf am Limes, oberhalb von Oppidum Michaelis, gibt es nicht mehr. Und das kam so:

»Numquam«, zischte meine Mutter Tanka Ludo zu. »Niemals! Malo moriri! Lieber will ich sterben!«

Meine Mutter war die schönste Frau des Dorfes und sprach gut Römisch. Ludo, ein Pannonier von der Duna, diente dem Centurio Spurius Moesius Superbus als Übersetzer und Spion. Ludo zog die Kleidung der Römer unseren Kleidern vor, badete täglich und roch nicht wie ein Mann, sondern wie eine römische Frau.

»Widerlich!«, hatte Mutter geschimpft, als Ludo wieder einmal vom Römerlager zu uns gekommen war und sie angesprochen hatte. »Und er lässt sich die Arme und Beine und die Brust rasieren.«

»Warum tun die Römer das, Mama?«, hatte ich wissen wollen.

»Weil sie das für fein halten.«

»Und warum redest du immer Römisch mit ihm? Er spricht doch unsere Sprache!«

»Ludo hat seine Seele an die Römer verkauft. Deshalb spreche ich Römisch mit ihm. Um ihm zu zeigen, wie sehr wir Germanen ihn verachten, Baltram.«

Alle kleinen Jungen unseres Volkes, auch die fünfjährigen, trugen Holzschwerter. Sobald sie laufen können, beginnen sie mit ihren Holzschwertern zu fechten, denn sie wollten ja später einmal tapfere Krieger werden. Die Römer sehen das nicht gerne. Als der kahle Ludo wieder einmal vor uns stand, zog ich wütend mein

Schwert, doch Mutter ergriff die Klinge und hielt sie fest.

Ludo ließ verächtlich eine Augenbraue zucken und blickte mit seinen schwarzen, kalten Augen auf mich herab. Seine Lippen, deren Enden immer übelwollend heruntergezogen waren, versuchten ein spöttisches Lächeln zu formen, aber es sah nur aus, als wollte er weinen.

»Gib acht auf dein reizendes Söhnchen«, antwortete er geziert. »Dass ihm nichts zustößt!«

Ludo versuchte mich wie immer in die Wange zu kneifen. Mein Vater, Fürst Ingram, hätte ihm bestimmt sofort seinen Dolch ins Herz gestoßen. Warum musste ich mich in die Wange kneifen lassen?

Ludo kniff mich dieses Mal aber gar nicht. Er griff mir hinter das Ohr und hielt plötzlich eine winzige Münze in der Hand.

»Was Du alles hinter Deinen dreckigen Ohren hast!«, meinte er mit einem meckernden Lachen und hielt sie mir hin.

Ich sah ihn nur böse an. Das Geld nahm ich nicht.

»Nun, dann nicht! Du wirst bestimmt einmal ein großer Gladiator werden, mein Kleiner.«

Er lachte noch einmal wie ein Ziegenbock, warf seinen Mantel über, drehte sich um und ging seines Weges.

»Ich werde niemals für die Römer kämpfen!« rief ich ihm hinterher. »Numquam!«

»Scht, mein Sohn. Das darf man nicht sagen!«

«Warum nicht? Und wie konnte er die Münze aus meinem Ohr holen? Und was wollte der Kerl eigentlich von dir, Mama? Und was bedeutet das, punca-punca-machen?«

»Das war nur ein Trick. Du hattest keine Quartuncia im Ohr. Ludo ist ein Gaukler. Und punca-punca-machen bedeutet, dass ich mich zu dem Centurio legen soll, so wie ich bei deinem Vater liege.«

»Aber du bist doch die Frau des Fürsten! Der Centurio kann doch nicht befehlen, dass du zu ihm kommst und bei ihm liegst!«

»Nein, das kann er nicht. Er glaubt es aber, weil er der Centurio ist und einen quergestellten Helmbusch trägt und Beinschienen und weil er eine Hundertschaft befehligt.«

»Mutter, wenn ich groß bin und ein Fürst wie der Vater, werde ich den Centurio einfach totschlagen wie einen räudigen Hund.«

»Scht, Baltram. Wenn das jemand hört und den Römern zuträgt, werden wir alle als Aufrührer ans Kreuz geschlagen. Es war richtig, das Geld nicht zu nehmen. Aber jetzt ist Ludo noch mehr beleidigt. Und der Centurio wird ihm zürnen, weil er mich nicht mitbringt! Wenn nur der Vater bald wieder zurückkehrt!«

»Dann erzählen wir, dass Ludo hier war!«

»Ja, das wollen wir dem Vater erzählen. Vielleicht kommt er heute Abend von der Jagd zurück.«

Vater kam aber erst am nächsten Tag von der Jagd zurück. Er war gut gelaunt, denn er hatte mit seinen Gefährten zehn Wildschweine erlegt, einen Auerhahn und dazu Enten und Wildgänse, dass man sie gar nicht zählen konnte. Wir würden Fleisch für viele Wochen haben! Das würde ein großes Fest geben! Mutter hatte schon lange vor Vaters Aufbruch mit dem Brauen begonnen.

Lederschläuche voller Met füllten das ganze Vorratshaus und verbreiteten einen herbsauren Geruch. Dazu war Wein vom Rhenus fluvius herbeigebracht worden, den die Frauen schon mit Honig gesüßt hatten.

Ich wollte unbedingt Vater begrüßen und ihm von Ludo erzählen, doch ich kam nicht dazu.

»Verflucht!« Vater war böse!

»Was ist, mein Gemahl?« hörte ich Mutter fragen.

»Ich habe meinen Dolch verloren! Die Götter waren mir nicht gnädig.« Er hielt seinen Gürtel hoch, von dem die leere Lederscheide herabhing, in der der Dolch immer steckte. Vater ging niemals auch nur einen Schritt ohne seinen Dolch, den er von seinem Vater bekommen hatte und der wiederum von seinem Vater.

»Jeder kennt deinen Dolch. Wer ihn findet, wird ihn dir zurückbringen! Erzähle es jedem und setze eine Belohnung aus!«

»Gib mir zu trinken«, knurrte Vater statt einer Antwort und leerte das Trinkhorn, das Mutter ihm reichte, in einem Zug. Met floss aus den Mundwinkeln rechts und links in seinen roten Bart, und seine Augen funkelten böse. Wenn er so ärgerlich war, durfte ich ihm nichts von Ludo erzählen. Er würde gar nicht zuhören. Deshalb ging ich nach draußen.

Im Schatten zwischen den Hütten blieb ich stehen. Ich hörte ein Geräusch. Da war jemand! Ich hielt den Atem an, damit er mich nicht hörte. Eine dunkle Gestalt schlich zwischen den Hütten hindurch. Als er vor dem Feuer auf dem großen Platz stehenblieb und lauschte, ob ihm jemand folgte, erkannte ich ihn. Es war Lantwin, der

Sohn von Germar. Lantwin war schon dreißig Jahre alt, hatte aber kein Weib und keine Kinder. Von einem Kriegszug, so erzählte Mutter, sei er humpelnd und nur noch mit einem Auge nach Hause zurückgekehrt, und die Axt eines Feindes hatte seinen Helm gespalten. Seitdem konnte er nicht mehr richtig sprechen, und er war immer voller Zorn. Lantwin sah mich nicht. Vorsichtig ging Lantwin weiter.

»Was mag er im Schilde führen?«, dachte ich bei mir. »Vielleicht muss er sein Wasser abschlagen? Aber warum tut er das nicht gleich hier zwischen den Hütten?«

Ich folgte ihm so leise ich konnte. Als er an den letzten Hütten vorbeigekommen war, blieb er stehen. Ich hörte ein Pferd schnauben, sah aber vor lauter Dunkelheit nichts. Dann vernahm ich leise gesprochene, schwerfällige Worte.

»Sica Ingrami in facto.« Vaters Dolch? Dann hörte ich das Klirren von Münzen. Hatte Lantwin den Dolch meines Vaters gefunden? Oder gar gestohlen? Und verkaufte ihn jetzt einem Römer?

»Gratiam affero, romane«, hörte ich Lantwin danken. Dann ritt der Römer wieder weg und ich musste mich rasch ducken, damit mich Lantwin nicht sah. Er wäre fast gegen mich gelaufen. Das musste ich Vater erzählen!

Als ich zurück in unsere Hütte kam, war Vater schon berauscht. Die Spielleute machten Musik; alle sangen, die Frauen und Mädchen tanzten. Neben Vater saß – Lantwin. Was er ihm sagte, konnte ich nicht verstehen. Vater nickte immer wieder mit trunkenem Blick. Obwohl sich nicht einmal der Sohn des Fürsten in das

Gespräch von Erwachsenen einmischen darf, trat ich entschlossen vor Vater, vor dem noch eine Schüssel mit Fleisch stand. Vater sah mich und reichte mir ein Stück. Ich nahm es und verneigte mich artig. Lantwin blickte mich finster an. Ob er mich doch gesehen hatte? Dann winkte Vater mit der Hand. Ich solle weggehen. Ich ging. Wo war nur Mutter? Ich musste Mutter finden und ihr alles erzählen!

Ich fand sie bei ihrer Schwester und der Großmutter. Sie waren erhitzt und verschwitzt vom Braten und Tanzen und vom Met.

»Mutter«, rief ich, »Mutter! Ich habe Lantwin gesehen. Er hat-«

»Stör jetzt nicht, Baltram! Los, los, geh schon!«

Wieder musste ich gehorchen. Ich ging in den Raum, in dem wir alle schliefen und aß das Stück Fleisch, das Vater mir geben hatte. Dabei muss ich eingeschlafen sein.

Am nächsten Morgen – es war schon hell geworden – weckten mich Pferdegetrappel, Hundegebell und Geschrei. Römische Befehle hallten durchs Dorf. Ich stürzte aus der Hütte.

Das Dorf war von den Römern umstellt. Mein Vater stand mit nacktem Oberkörper vor dem schwarzen Rappen, auf dem der Centurio saß. Quer über dem Rücken eines Packpferdes, das ein Soldat der Leibwache am Zügel hielt, lag bäuchlings Ludo. Tot. Ein Dolch steckte in seinem Rücken. Als ich näher trat, erkannte ich, dass es Vaters Dolch war.

»Du leugnest also nicht, dass der Dolch Dir gehört, Ingram?«

»Nein, Centurio! Ich habe ihn auf der Jagd verloren.«

»Du lügst, Germane!«, schrie der Centurio. »Du hast Ludo feige von hinten erstochen! Weil er zu oft mit Tanka sprach.«

»Das stimmt nicht!«, schrie ich. »Lantwin hat den Dolch gestohlen und einem Römer verkauft! Ich habe es selbst gesehen!«

Diesmal hörten sie zu. Lantwin wurde herbeigezerrt und gestand unter dem harten Griff meines Vaters, den Dolch genommen und verkauft zu haben. Und zwar dem Centurio persönlich.

»Dann hast Du, Centurio, Ludo getötet. Oder töten lassen. Ich frage mich nur, warum?«

Statt einer Antwort hob der Centurio den Arm. Der Angriff begann.

Hanne Weigang

Im Kino

Um die Ecke gebracht,
dabei höhnisch gelacht.
Die Fratze verzerrt,
ein Glas noch geleert.
Ein Leben haucht aus,
das Monster geht nach Haus` .

Verschlungen sind unsere Hände.
Der Thriller ist nun zu Ende.

Liebe ist mehr als ein Wort

Früher schenkte er mir Rosen. Meine Gedanken schweiften zurück zu der Zeit, als ich mich noch sehr freute, wenn Holger nach Hause kam. Ich war glücklich und strahlte ihn an, wenn er die Tür aufschloss und als Erstes eine rote Rose durch den Türrahmen hielt, ohne dass er zu sehen war. »Für meine Traumfrau,« sagte er und kam lächelnd auf mich zu.

Damals wusste ich noch nicht, dass es wohl mehrere Traumfrauen gab. Und weil ich es nicht wusste, war ich glücklich und strahlte ihn an. Er sagte mir einmal, dass ihn mein Lächeln so bezauberte. Doch dieses Lächeln ist Vergangenheit!

Nach und nach schlich sich der Alltag in unserer Beziehung ein und dieser Alltag war alles andere als prickelnd. Von einer Freundin wurde ich das erste Mal dezent darauf aufmerksam gemacht, dass es wohl noch eine andere an Holgers Seite gab.

Anna teilte mir während unserer Shoppingtour mit: »Ich habe Holger gestern mit einer Blondine im Cafe am Wernerplatz gesehen.«

»Das war sicherlich eine Kollegin,« meinte ich fröhlich.

»Das glaube ich nicht, so wie die Händchen gehalten und sich angeschmachtet haben. Entschuldige, aber ich hab halt mal genauer hingeschaut.«

Mit einem Schlag war meine Fröhlichkeit dahin. Gestern war Holger erstaunlich spät von einem seiner Geschäftsessen nach Hause gekommen.

Zuhause fand ich dann in seiner Anzugjacke zwei

Kinokarten vom Cinemaxx. Doch das war nur der Anfang.

Ich liebte Holger sehr, deswegen sagte ich nichts und wartete ab. Sicherlich nur eine Affäre, es wird bald vorbei sein, tröstete ich mich selbst. Doch es wurde nichts besser, im Gegenteil. Nach der ersten Affäre folgte die zweite und so weiter. Ich konnte und wollte sie nicht zählen, diese unsäglich unerträglichen Affären.

Einmal fand ich nach einer angeblichen Dienstreise eine Hotelrechnung für ein Doppelzimmer für Herrn und Frau Schmidtke.

Ein anderes Mal bekam er einen Strafzettel wegen Falschparkens in unserem Nachbarstädtchen, obwohl er angeblich dienstlich in Stuttgart weilte.

Langsam, ganz langsam erstarb meine Liebe zu Holger und machte einer unaussprechlichen Leere Platz.

Am nächsten Ersten konnte ich wieder in meinem alten Job als Versicherungskauffrau anfangen. Davon wusste Holger nichts, warum auch! Eine kleine Zweizimmerwohnung am anderen Ende der Stadt hatte ich auch schon in Aussicht.

... Es war kühl an Deck der AIDA, auf der Holger, wahrscheinlich mal wieder ausschlechtem Gewissen, eine Woche für uns gebucht hatte. Ich liebte Seereisen über alles. Der kühle Nachtwind streifte uns und Holger legte mir fürsorglich meine Stola um.

»Holger ich werde dich verlassen,« platzte es aus mir heraus.

»Wie bitte ? Das soll doch ein Scherz sein!« Holger schaute mich verdutzt an.

»Nein, durchaus nicht. Ich habe deine Affären satt! Ich ziehe aus.«

»Das überlebe ich nicht,« sagte Holger überschwänglich und beugte sich theatralisch über das Geländer.

Hatte er eben wirklich gegrinst?

Ich gab ihm voller Wut einen Stoß. Holger kippte vornüber ins Meer. Sein lang gezogener Schrei wurde teilweise von den ans Schiff anschlagenden Wellen überdeckt. Ich blieb wie hypnotisiert stehen. Scheinbar hatte kein Mensch etwas bemerkt.

Der Wind zauste an meinen Haaren und meiner Kleidung. Mich fröstelte, aber ich konnte mich nicht von der Stelle rühren, bis die Sonne über dem Meer aufging.

Schneckentanz

Komm her, meine Schnecke,
ich bring dich um die Ecke.
Nein, nein, hab` keine Angst,
ich bitte dich nur zum Tanz.

Mörderisch ...

Hinfort, hinfort, hinfort ...
auf der Wiese geschah ein Mord.
Erst tönte ein lauter Knall,
bis in den Ort hörte man den Schall.
Ein dutzend Wildenten flogen
entsetzt einen großen Bogen.
Nun liegt er da, im Wiesengrün,
da konnte Heinz sich noch so müh'n.
Es half keine erste Hilfe mehr,
Pauls blaue Augen blieben leer.
Dann ein Rascheln, schnell hinterher!
Vielleicht fängt man ihn, den Wilderer.

Petra Wieder

Akte Baum: Ein krimineller *Fall*

Ein Baum steht seit geraumer Zeit
im Odenwald und macht sich breit.
Dort platziert – hat er den Drang
zu praktizieren – was er kann.

So im Herbst bei Wind und Wetter
verliert er seine bunten Blätter.
Das ist sein Leben, sein Pläsier,
macht Sauerstoff für Mensch und Tier,
wirft Schatten zwischen zwei und vier,
vermoost des Nachbars Gartentür.

Sein Verhalten, das beweist,
so'n Gehölz ist ziemlich dreist.
Steht da! – Versperrt des Nachbars Blick!
Das ist jetzt Pech für ihn – kein Glück.

Von der Natur ist vorgesehen,
dass Bäume nicht spazieren gehen.
Stur sind sie – und standorttreu.
Für manche Nachbarn ist das neu.

Das Urteil ist *gefällt* – ganz schnell:
Der Baum mit Laub ist kriminell.
Das Ungetüm gehört in' Knast,
am besten wär' es – Ast für Ast.
Ist es wirklich ein Vergehen,
einfach nur herumzustehen?

Der Baum macht seine Sache ziemlich
gut und ist der Umwelt dienlich.
Doch ungeachtet dessen,
droht ihm die Todesstraf' in Hessen?

Sein Ende naht mit einem Hieb
als wäre er ein Tagedieb.
Der Nachbar zerrt ihn vor Gericht.
Nur – dort erscheinen kann er nicht.
Versäumnis-Urteil ihm jetzt droht.
Der Baum ist standhaft bis zum Tod

Nach Ermordung aller Bäume
enden *unsre* Lebensräume.
Auf diesem Weg wird es gelingen
die Menschheit um die Eck' zu bringen.

Ein tierisches Gemetzel

Ein Krimi läuft im ersten Programm,
da wird's mir ganz mulmig und heftig klamm.
Weil ein Dealer den *Stoff* sucht in Bären aus *Plüsch*,
ermordet er sie mit einem Stich
und schlitzt sie auf und köpft sie sogleich.
(Als Zeuge werden die Knie mir ganz weich.)
Sezierte Bären aus Stoff sind zerfleddert.
Der Fahnder am Morgen die Zeitung durchblättert.
Kein Ehren-Mord! ... steht da als Headline zu lesen ...
Ein eiskalter Bären-Mord ist es gewesen!

Fred Wohlfahrt

Der falsche Mantel

Überraschend kam die Verhaftung am Frankfurter Flughafen. Irgendwelche Unregelmäßigkeiten beim Röntgen der mitgeführten Sachen, der Weg in das Büro der Zöllner, ein sauberer Schnitt mit dem Teppichmesser in das Innenfutter des teuren Lodenmantels – und dort befanden sich in kleinen Taschen eines weiteren Futters eine Unzahl von Päckchen mit weißem Pulver. Ein ganzes Kilo Kokain vom Besten. Isidor Kaffenberger wurde auf Antrag des Staatsanwalts dem Haftrichter vorgeführt, der ohne jede Chance auf eine mündliche Einlassung des Beschuldigten den Haftbefehl verkündete. Ab ins Gefängnis nach Preungesheim.

Der nassforsche Polizist, der seine Fingerabdrücke abrollte und die üblichen dreiteiligen Lichtbilder knipste, kommentierte breit grinsend: »Tiiipisch Ourewäller. Alle annern schmuggele den Koks hierher, norr de Ourewäller bringt'n widder zurick.«

»Ach, was habb' ich Bauchschmerze vor Lache!«, antwortete Isidor griesgrämig.

Isidor war ein einfacher Lagerarbeiter bei einer großen Fabrik in Darmstadt und fuhr täglich mit der Bahn vom Hauptbahnhof Höchst zum Nordbahnhof Darmstadt. Sein Sohn hatte es bei dem Konzern zu etwas gebracht und durfte ein Tochterunternehmen in Bolivien leiten.

Die einzigen Abenteuer von Isidor bestanden seit Jahren darin, beim Einkaufen ab und an Preisetiketten von einer Verpackung zur anderen zu kleben. Mal beim Zucker, mal beim Käse, mal bei etwas Besserem. Die Umstellung auf Scanner-Kassen machte es nicht einfacher, aber mit etwas Geschick und Vorbereitung war es auch hier kein Problem, die Aushilfskassiererinnen zu täuschen, die ohnehin eine Bohrmaschine nicht von einem Trennschleifer unterscheiden konnten. Isidor tat es aus Rache für die letzte Preiserhöhung, aus Rache für die Kapitalisten, die Gesellschaft und all seinem Elend, das er ertragen musste. Wobei sein einziges Elend seine Ehefrau Margit war, seit Jahren wegen einer chronischen Nervenkrankheit an den Rollstuhl gefesselt. Das schränkte die gemeinsamen Freizeitaktivitäten entschieden ein – allerdings durchaus positiv zum Wohle der Familienkasse.

Kriminell war er eigentlich gar nicht, er stahl ja nicht, er bezahlte nur etwas weniger.

Einmal im Jahr, mindestens, sorgte sich Isidor um seinen Kleiderschrank. Jetzt galt es, die fünfzehn-Euro-Polyesterweste vom IKI- oder NDK- Kleiderdiscountmarkt gegen ein hochwertiges Designerstück, am Liebsten eines mit Bärentatzen, auszutauschen.

Klare Regeln:

a) in der ausgewählten Gaststätte ist man nicht persönlich bekannt und es sind keine Bekannten anwesend,

b) bezahle nie mit Karte und stelle das Auto nicht vor dem Lokal ab,

c) in der zurückgelassenen Jacke darf nichts, aber auch gar nichts, stecken bleiben.

Der Winter dauerte in diesem Jahr lange, im März wurde es noch einmal richtig kalt. Isidor fuhr an dem Sonntag wieder sehr früh los – heute knurrte der Hunger italienisch. Schon um halb zwölf in der Pizzeria, um den idealen Platz mit Blick zur Garderobe und in den Gastraum zu bekommen. Nach und nach kamen die anderen Gäste: Familien mit Kindern, junge Ehepaare, und hinten am Tisch versammelte sich eine größere Gesellschaft, um Omas 82. Geburtstag zu feiern. Zum Schluss kamen noch drei Männer in die Osteria, vom Aussehen die Enkel des Paten *Don Corleone*, sie setzten sich an den Katzentisch vor der Theke und diskutieren leise, aber erregt, bei einem Cola und Espresso.

Für Isidor gab es heute einen Nizza-Salat als Vorspeise, Ossobuco Milanese zum Hauptgang und Tiramisu – zwischendurch bestellte er bei der Kellnerin noch eine Lasagne zum Mitnehmen für die daheim gebliebene Ehefrau. Bezahlen, Grappa, mit der Thermoschale in der Hand an die Kleiderhaken, schon lag der schwere schwarze Mantel im Arm – Tür auf, »Tschüss« und weg. Es hatte wieder geklappt – die Beute: ein schwerer Lodenwams, so ein Teil kostet beim Saxonia-Versand bestimmt um die 500 Euro.

Der kostbare Mantel würde Isidor im Juli in den winterlichen Anden bei der Hochzeit seines Sohnes mit seiner kaffeebraunen bolivianischen Schönheit ordentlich vor Kälte schützen und bei den Schwiegerleuten einen guten Eindruck von den reichen Gringos aus Übersee hinterlassen.

Zwei Tage nach seiner Festnahme am Rhein-Main-Airport wurde Isidor aus seiner Haftzelle abgeholt und zur Pforte gebracht, um zwei drahtigen Männern mittleren Alters vorgestellt zu werden: »Tach, Herr Kaffeberscher. Mir sin die Hauptkommissarn Blaumöller un Schmalzherr vun de Kripo Erbach un hawwe hier e Ausantwortung fer Sie.« - »Ausantw ... was?« - »Egal, sie kumme jetzt aafach mit!«.

Die Fahrt ging zuerst ins Frankfurter Präsidium. So etwas hat man noch nicht gesehen. Ein Haus, so groß wie Böllstein, mit Fluren, so breit wie die B 45 zwischen Bad König und Michelstadt – nur doppelt so breit. Bei »de Leit vum Stoff« (also im Rauschgiftkommissariat) klärte man Isidor auf: Bereits im Frühjahr hatte die Erbacher Polizei im Rahmen einer geschalteten Telefonüberwachung bei der internationalen Drogenbande von dem Verlust des Kokains erfahren. Die Italiener und Kolumbianer beschuldigten sich gegenseitig, nur wusste niemand, wo das Pulver wirklich war. Erst durch die Festnahme und nach dem Ersuchen an die Höchster Polizei zur Durchsuchung der Wohnung kam Bewegung in die Sache. Isidor erzählte seine Mantelstory »...naddierlich hadd ich des wertvolle Kleidungsstick nur versehentlich genumme. En Irrtum, dess könne se glaawe ...«.

Mittags ging's zum Frankfurter Gericht, der Haftbefehl wurde unter Auflagen außer Vollzug gesetzt. Dann weiter in den zweiten Stock der Erbacher Lustgartenstraße, um aus geschätzten vierhundert Polizeifotos die wahren Eigentümer seines Lodenjumpers zu identifizieren. Zwei der drei Lokalgäste konnte Isidor eindeutig erkennen, insbesondere den Typen, der den Mantel beim Betreten getragen hatte: ein Mann, der aussah wie das Double von Winnetou. Keine Zweifel.

Die Reise zur Hochzeit war gelaufen. Erstens keine Lust mehr nach all dem Trubel, zum Zweiten die richterlichen Meldeauflagen, die Bundesrepublik nicht zu verlassen und drittens war das Flugticket verfallen. Im Betrieb hatte wohl niemand etwas mitbekommen, die Nachbarn wegen des Polizeieinsatzes schon. Wer in den Tagen die Polizeiberichterstattung gelesen hatte, konnte sich eins und eins zusammenzählen. Irgendwann im August oder September lag dann erst ein toter Kanarienvogel im Briefkasten, später zweimal neun-Millimeter-Patronen ... kam bestimmt von den Nachbarsbengeln, die sich über ihn lustig machten. Auch die beiden Drohbriefe, wonach er bei den Bullen nichts mehr sagen solle – sonst Rübe ab, nahm Isidor nicht ernst. Die beiden Mofarocker sollten bei nächster Gelegenheit was erleben! Isidor schämte sich, diesen Blödsinn bei der Polizei zu melden.

Der Prozess in Frankfurt gegen »Winnetou« und zwei andere Gestalten des Drogenrings war im Herbst des gleichen Jahres, am 6. November. Der Zeuge Isidor bestätigte seine Angaben, die er bei der Polizei gemacht hatte. Die Anwälte aus Hamburg und Düsseldorf gaben ihr Bestes, um die Glaubwürdigkeit die einfachen Arbeiters aus dem Odenwald in Zweifel zu ziehen. Doch nichts half: für das Trio wurden noch am gleichen Tage hohe Haftstrafen verhängt.

Am 13. November las man auf Blatt eins der »*Odenwälder Heimatzeitung*« in fetten Lettern: »Mann in Höchst auf offener Straße erschossen! ... Am frühen Abend wurde der 58-jährige Isidor K. in der Groß-Umstädter Straße, unweit der Polizeistation, von bislang unbekannten Tätern mit drei Schüssen niedergestreckt. Die Motive der sinnlosen Tat an dem Arbeiter, der vom Bahnhof auf dem Heimweg war, sind nicht erkennbar.«

Die Häkelgretel

Den letzten Tag im Panzergrenadierbataillon 362 hatten die drei jungen Soldaten gut gefeiert. Egbert bekam zur Feier des Tages vom Vadder sogar den alten grünen VW Brezelkäfer, um seinem Besitzstand und den der Kameraden Edmund und Emil aus der Nibelungenkaserne in Walldürn heimzuholen. Hier noch ein Bierchen, dort ein Schnäpschen, und am Abend mal über den Darmstädter Strich. Zumindest was die Heinerstadt 1964 als Strich zu bieten hatte. Von den wenigen Mädels wollte keine zu den drei angeschwipsten Frischentlassenen einsteigen, bis auf die Häkelgretel. Die zahnlose Alte nahm mit, was mitzunehmen war. Drei mal zwei Heiermänner auf einmal, kein schlechtes Geschäft. Gretel war weit über Darmstadt dafür bekannt, dass sie zwischen der Kundschaft unablässig häkelte, ausschließlich Topflappen. Und diese Topflappen verkaufte sie bei Gelegenheit ihren Freiern für deren Hausfrauen als Mitbringsel.

Die gemeinsame Autofahrt der vier ging über die Bismarckbrücke an der Starkenburgkaserne vorbei in den Forst hinter dem Waldfriedhof. Mit Egbert als Erstem fing es locker an, dann durfte Edmund sich an der Gunstgewerblerin vergnügen. Hätte die doofe Hure nur nicht herumgezetert, als Emil zum Spaß die Gasmaske und den ABC-Poncho anzog. Für den besonderen Kick. Warum schrie die Kuh plötzlich so hysterisch? Gerade in diesem Moment stoppte auch noch ein Ford 12M vorne an der Waldwegkreuzung, Emil wollte die Gretel einfach nur zum Schweigen bringen, leise sollte sie sein. Der

Druck von Emils Händen auf die Gurgel war zu fest gewesen, Gretel sank nach einem kurzen Hecheln leblos auf den Boden. Was war denn jetzt passiert? Eine wilde Hektik brach bei den drei Wilden los - nix wie fort. Wortlos setzte Egbert seine zwei Freunde in Dietzenbach und Aschaffenburg ab und sollte seit dieser Nacht nichts mehr von ihnen hören und sehen. Sehr peinlich war das alles.

Schon zwei Wochen später saß der Finanzsekretär Egbert wieder an seinem Amtsschreibtisch, den er vorm Barras bereits bewohnt hatte. Im Herbst die Hochzeit mit Marianne, im Frühjahr 1965 erblickte der kleine Eberhard das Licht der Welt. Das Leben verlief in den folgenden Jahren für die Familie ruhig und gleichmäßig. Erste Urlaube im Bayerischen Wald, später Österreich, dann italienische Riviera. Ein kleines Häuschen in Reichelsheim, von den Schwiegereltern geerbt, samstags Straße kehren und Rasen mähen. Der Bub wurde groß und größer, ein gescheiter Kerl. Aus dem wird mal mehr als ein Finanzhauptsekretär, was für Egbert das Ende der Karriere war. Gleich nach der Schule fing Sohn Eberhard bei der Polizei an, der gescheite Abiturient wurde als Seiteneinsteiger bei der Kripo aufgenommen.

Eberhards Karriere verlief sprunghaft, und schon zur Silberhochzeit der Eltern 1989 konnte er stolz das Kommissarsdiplom der Hessischen Polizeischule präsentieren. Toller Bursche, gut dass er von der schwarzen Vergangenheit – besser: dem schwarzen Tag – seines Vaters nichts wusste. Nach einigen Jahren im Dauerdienst und Betrugskommissariat wurde Eberhard 2009 zum Chef des Kommissariats für Tötungsdelikte in Darmstadt berufen, in gleichen Jahr ging Vadder Egbert in Pension.

13. Januar 2014, Polizeidirektion – K 20, Lustgartenstraße, Erbach im Odenwald. Hubert tanzte über den Flur im zweiten Stock zum Büro seines Chefs: »Treffer! Treffer! Treffer!« -

»Hubert, was entzückt dich so?« -

»Ja, Udo, des musst du sehe. Mir hadde doch den Oibruch letzte Monat driwwe in Reichelse, wo ich die Kibbe uffgelese häbb!« -

»Wie, die hast du untersuchen lassen? Seit wann rauchen knallharte Balkanbanditen *Seemtsma S1 Slim Line Gold* Zigaretten? Ich sag' bloß: Griff ins Klo!» -

»....nee Boss, nix Griff ins Klo, sondern Volltreffer!«

Und Hubert erzählt die ganze Geschichte. Entgegen Udos Anweisungen hatte er die Zigarettenkippe nach Speichelanhaftungen beim DNA-Institut untersuchen lassen. Hubert fand bei der Spurensicherung den frischen Stummel nach dem Wohnhauseinbruch am Nikolaustag in der geschlossenen Hofreite der Familie Poth vor deren Haustür. Weil Poths Nichtraucher waren, konnte der Glimmstängel nur von den Gangstern sein. Noch vor Silvester kam der DNA-Meldebogen mit einem vollständigen Gen-Profil eines Mannes mit Telefax an, das Hubert sofort zur DNA-Analysedatei beim BKA weiterschickte. Nun die Überraschung: das DNA-Muster identifizierte keine Person, sondern lag als ungeklärte Tatspur wegen eines uralten Mordfalls aus dem Jahre 1964 ein.

»Sauber ... jetzt musst du nur noch den unbekannten Raucher ermitteln..«

»Ei Udo, ich bin doch schun dabei!« Und Hubert schilderte, dass es die S1 in einem Zigarettenautomat hundert Meter vom Tatort weg zu ziehen gäbe, und am Kiosk weiter vorne würde diese Marke von höchsten fünf Leuten, darunter drei Frauen, regelmäßig gekauft. »Un des Dollste is ... aaner vun dene Männer is en Nachbar vun Poths. Und der is de Vadder vum Hardy vum Darmstädter Mord und Totschlag!« -

»Hubert – du bist dir sicher, was du gerade sagst?« -

»Ja sicher: rechts neewe dran wohnt der Egbert Kastinger und des is de Vadder von Eberhard - «

»... jetzt wo du's sagst, stimmt: dort war ich vor paar Jahren mal zum Grillen eingeladen, Polterhochzeit oder so 'was. Also Hubert, Du besorgst einen Durchsuchungsbeschluss für den Einbruch, und kein Wort zum Mord zu niemand. Hier net und in Darmstadt net!«

Genau eine Woche später standen vier durchtrainierte Kripoleute vor Egberts Haustür und begehrten Einlass, um einen Durchsuchungsbeschluss zu vollstrecken. Egbert wollte erst den Zutritt verweigern, sein Sohn solle verständigt werden – der würde das schon klären. Und ein Anwalt, den Besten im Odenwald bitte! Unverschämtheit – wegen Einbruch beim Nachbarn. Lächerlich. Zehn Minuten später offenbarte Hubert dem siebzigjährigen Rentner den eigentlichen Hintergrund des Hausbesuches: den DNA-Treffer zu einem Mord im Jahre 1964 an einer Hure in Darmstadt. Wie ein Film spielte sich die fast verdrängte Nacht vor Egberts Augen ab, ein Schlag, der das Blut in den Adern zum Stocken brachte. Und damit einher ging tatsächlich ein schwerer Schlaganfall, der mutmaßliche Mörder klappte vor den Beamten im Wohnzimmer zusammen und wurde eiligst von einem Rettungswagen in eine Spezialklinik abtransportiert.

Eberhard Kastinger reagierte auf die Nachrichten aus Reichelsheim zunächst stinksauer. Erstens die Hinterhältigkeit der Odenwälder Kollegen, unter dem Vorwand eines Einbruchdiebstahls in einem Tötungsdelikt zu ermitteln und dazu noch in dem Mordfall, den er quasi aufgedeckt hatte. Nach der ersten Erregung hatte er dann allerdings Verständnis für die Erbacher und war eigentlich froh, dass sie ihm diese unangenehmen Entscheidungen abgenommen hatten. Eberhard hatte als frisch gebackener Leiter des Morddezernats immer wieder alte Fälle aus dem Aktenkeller hervorgeholt und in tagelanger Arbeit nach neuen Ermittlungsansätzen abgeklopft. Gerade die neuen forensischen Untersuchungsmethoden konnten alte abgelegte und eingestaubte Verbrechen unter einem neuen Licht erscheinen lassen. In einer der Kisten waren die Papiere zum Mordfall Häkelgretel gewesen, darin ein Taschentuch, Fingernagelabschnitte und ein gebrauchtes Kondom, das man zwischen Rock und Mantel der Toten sichergestellt hatte. Auf diesem Kondom hatten sich die Spermareste im getrockneten Zustand gut erhalten. Der Rest war Routine: Kondom ins Labor, Abstrich, DNA-Muster-Erstellung, und zunächst erfolgloser Abgleich mit der Datenbank. Mord verjährt nie: deshalb dauerhafte Speicherung beim Bundeskriminalamt.

Musste es ausgerechnet seinen Vater treffen – und das wegen eines solchen Zufalls. Sicher – der Alte hatte immer heimlich auf dem Balkon geraucht und seine Zigarettenkippen fliegend entsorgt, um Mama nicht zu ärgern. Dass ausgerechnet eine Kippe, vom seltenen Ostwind getragen, nicht zur Straße, sondern in Poths Hof geflogen war ... Pech.

Die Zeitungsmeldungen überschlugen sich, auch überregional: »Mordfall nach fünfzig Jahren aufgeklärt!« - eine wahre Sensation. Die Pressemeldungen und Interviews in Funk und Fernsehen von Polizei und Staatsanwaltschaft überschlugen sich förmlich in diesen Wochen. Egbert wurde nach einigen Wochen vom Krankenhaus in ein Pflegeheim verlegt. Er erholte sich nie mehr von seinem Schlaganfall, vollkommen gelähmt und stumm konnte er sich nicht einmal gegen den Mordvorwurf wehren. Nicht er war der Mörder, sondern dieser Emil. Wie war noch der Nachname von Emil und lebte der überhaupt noch? Und es war ja auch eher ein Unfall als ein Mord gewesen. Aber all das konnte Egbert seinem Sohn nicht mehr mitteilen.

Und die Moral von der Geschichte: Rauchen schadet Ihrer Gesundheit! Übrigens ... Fragen Sie doch mal die Großmutter, ob Opa ihr irgendwann einmal Topflappen mitgebracht hatte?

Im Keller

Da sitze ich nun, eingesperrt in einen fensterlosen Heizungskeller mit sechstausend Liter Heizöl, einem Heizkessel, einer Ceská-Pistole, blutigen Handschuhen und Hosen und der Leiche eines mir unbekannten Mannes. Toll ... da komme ich nicht mehr raus. Dabei fing alles so harmlos an.

Seit meiner Lehre, also nun seit 34 Jahren, arbeite ich unangefochten als Fachmann für die Tür- und Fenstermontage bei der Schreinerei Kaffenberger. Meist bin ich alleine unterwegs, nur bei sehr großen und schweren Elementen fährt der Chef selbst oder ein Lehrling mit zur Baustelle. Als kostengünstiger Solospieler habe ich mir im Laufe der Jahre etliche Freiheiten erarbeiten können. Schon sehr früh stellte ich fest, dass man mit fast einhundertneunzig Zentimeter gutgebauter Männerpracht, blondem Krullenkopf, blauen Augen und etwas Charme sehr gut bei der Kundschaft ankommt. Das Resultat: allerhand nette Gespräche, Kaffee und Kuchen und manchmal auch etwas Zärtlichkeit von den Haushüterinnen.

Die bösen Gedanken erwuchsen damals vor gut fünfzehn Jahren, als mein Boss die Unocode- Schlüsselfertigungsmaschine eines bankrotten Baumarkts günstig erstanden hatte. Es war doch nicht verkehrt, wenn man vor dem Einbau der Haustüren von den Schlüsseln eine Kopie anfertigte. Mit ein bisschen Übung geht das schon nach kurzer Zeit sehr flott und ohne Spuren zu hinterlassen. Die Nachbildungen wandern beschriftet mit der

Auftragsnummer in die untere Schublade der grünen Werkbank meiner Werkstatt.

Nach einigen Wochen war die Zeit und mein Mut gekommen, meine kriminelle Absicht in die Tat umzusetzen, um die momentane finanzielle Schieflage der Haushaltskasse gerade zu richten. Ich hatte in Brensbach eine Haustür zu montieren, wo ich vor ungefähr einem halben Jahr zwei Straßen weiter schon zu tun hatte. Damals hatte ich wie üblich -als Fachmann für Haussicherheit von der Hausherrin alle Details erzählt bekommen, von dem Zusatzschloss an der Kellertür, dass die Alarmanlage nur aus billigen Kameraattrappen bestand, der Safe im Keller fest eingemauert sei und die Nachbarn alle tagsüber in der Stadt auf der Arbeit seien. »Nö, dann brauche Sie nix mehr zu mache! An de Tresor kommt ja kaaner dran, wenn Sie de Schlissel immer mitnemme...«

»Ja, den Schlüssel findet niemand, den verstecken wir immer in der alten Wäsche im Waschraum!«. Danke für die Auskunft.

Tatsächlich klappte mein Plan schon beim ersten Mal. Mit dem Nachschlüssel ins Haus, gezielt in den Keller, natürlich war der Schlüssel unter dem Wäschekorb. Im Tresor des Herrn Rechtsanwalts lagen gut 1400 DM in bar, von denen ich 1200 DM einsteckte – und ein einfaches Goldkettchen mit Anhänger im Etui vom Schmuck-Hinkel, wie neu. Alles abschließen und zurück auf seinen Platz und tschüss ...

Genau so mache ich es nun zwei bis drei Mal im Jahr. Vorzugsweise bei Selbstständigen und Akademikern, nicht bei Lehrern und Beamten, da gibt es nix zu holen, und nie bei alten Leuten. Mit einer Hand voll Grundinformationen, die ich in einem Passwort-geschützten Word-Dokument niederschreibe, funktioniert meine Masche super. Mein Auto fällt in den Wohngebieten nicht auf, auch nicht der Handwerker, der im Garantieservice nochmals zum Ölen vorbeikommt. Meine Beute besteht grundsätzlich nur aus Bargeld, mit dem ich alle Autoreparaturen, Einkäufe und Freizeitaktivitäten begleiche. Ich kaufe seitdem nicht mehr beim Schuhdiscounter die Slipper für fünfundzwanzig, sondern im Fachhandel für zweihundertfünfzig Euro.

Die 18000 Euro meines mit Stern geschmückten Gebrauchtwagens lege ich dem windigen Autohändler auch bar auf den Tisch, ebenso läuft es beispielsweise in Elektroläden für den neuen Kühlschrank um 2300 Euro und den 90-Zoll LED-Fernseher für 13000 Euro. Nur nicht auffallen, nicht übertreiben und nichts über die Bank.

Um auch meiner liebsten Ehefrau den kleinen Luxus erklären zu können, verspiele ich größere Geldsummen beim Lotto – natürlich ohne Karte und bei Annahmestellen, die ich zufällig im Außendienst passiere. Zwar stehen die Gewinne nicht in Relation zu den Einsätzen, aber ich kann meiner Familie regelmäßig einen Gewinnzettel vorzeigen.

Und dann fehlt meiner Kundschaft ab und an ein Goldkettchen oder andere kleine Schmuckteile. Nie etwas Besonderes. Brillanten, teure Uhren und auffällige Teile lasse ich immer unbeachtet zurück. Aber neu soll der Schmuck sein, als hätte ich ihn gerade frisch beim

Juwelier gekauft. Kleine Geschenke zu Geburtstag, Hochzeitstag, Verlobungstag, Valentinstag ...

Ich nehme auch nie das ganze Geld mit, immer nur achtzig bis neunzig Prozent des Angebots fließt in meine Tasche. Meist finde ich zwischen 500 und 7000 Euro vor; der höchste Betrag waren 35000 Euro, davon blieben dem Eigentümer immerhin 4500 Euro. Die Diebstähle werden, mangels Aufbruchsspuren, sicherlich oft erst Tage später festgestellt. Und mit Sicherheit verdächtigen sich die Familienmitglieder gegenseitig oder die arme Putzfrau, wie soll man auf einen Fremden kommen? Ich nehme auch an, dass die meisten Sachen bei der Polizei nicht angezeigt werden. Bei den auffallend hohen Geldbeträgen der Ärzte und Anwälte handelt es sich vermutlich um Schwarzgelder, deren Verlust schmerzhaft, aber doch nicht existenzgefährdend ist. Mein Stammtischkumpel Ernst, der bei der Kripo die Vorbeugungsberatung macht, erwähnte in den letzten Jahren nicht einmal einen solch unerklärlichen Diebstahl. Und wenn so etwas angezeigt wird, macht man bei der Polizei bestimmt auch kein großes Helau darum.

Also: alles perfekt geplant und durchgeführt. Bis auf heute. Endlich wieder mal eine Haustür in Höchst, es war bestimmt schon ein Jahr her, als ich letztmals hier war. Schlüssel 2012-34-1; irgend ein geschiedener Finanzhai oder Steuerberater aus Frankfurt, der den ganzen Tag unterwegs sei. So hatte es die aus Bulgarien stammende Putzfrau bei Kaffee und Keksen erzählt. Ja, der Herr Doktor bezahle sie immer bar: »Nix mit Steuerkarte!«. Das Haus am Ende der Gasse auf dem großen, zugewachsenen Grundstück war kaum einsehbar. Klingel - klingel ... niemand da. Schlüssel raus und ich rein. Auch nach all den Jahren bin ich schon recht nervös. Der Tresor ist bestimmt im Keller, dem Kellerraum, in den die Putzfrau nicht reindarf : »..macht Herr Doktor immer selber...«.

Aah... stabile Stahltür, T 90, mit Drehknauf zum Flur hin. Ich ziehe das Türblatt auf und gehe in den warmen dunklen Raum. Heizungsraum. Wo ist der Lichtschalter, ich taste erst links dann rechts die Wand entlang, bis hinter mir die Tür ins Schloss und ich nach vorne auf den Boden falle. Ich stolpere im Dunkeln über etwas und schon liege ich auf etwas Weichem. Ein Hund? Nö, größer. Und was ist das klebrige Nasse, was ich an meinen Latexhandschuhen spüre? Jetzt finde ich den Lichtschalter und nach dem Anschalten eine leblose Person, über die ich gestolpert war.

So ein Mist ... kein Fenster, eine verschlossene Stahltür mit Blindknauf auf der Innenseite (wer macht den so ein‘ Schei...?) und kein Werkzeug dabei. Nicht einmal ein Handy, wen hätte ich in dieser Situation auch schon anrufen können? Es bleibt das Warten und Denken. Wie soll ich aus der Sache wieder rauskommen. Stunden vergehen, keine Geräusche im Haus, zweimal klingelt oben das Telefon. Mich findet hier niemand. Ich werde verdursten, verhungern und mit meinem unbekannten Kumpel über Wochen hin verwesen. Nicht einmal die Putze findet uns – die darf ja nicht in diesen Keller.

Ewige Zeit später, es war am späten Nachmittag, bewegt sich doch was in dem Bungalow, mindestens zwei

Personen mit schweren Schuhen. Ich höre die Hallo-Rufe und rege mich erst einmal nicht. Jetzt geht die Tür auf, zwei sprachlose blaue Uniformen füllen die Laibung aus – zwischen den Männern zwängt sich ein Frauengesicht nach vorne: Meine Ehefrau. Aber was macht die hier?

Die ganze Wahrheit höre ich dann in meinem Prozess beim Landgericht in Darmstadt. Sabine, also meine Frau, lernte Herrn Dr. Poth vor zwei Jahren bei einer Adventsausstellung in Erbach kennen. Daraus ergab sich eine heftige Affäre, dreimal die Woche – mittwochs, samstags und sonntags, wenn ich beim Fußball war. Ausgerechnet an diesem Mittwoch hat Herr Doktor Urlaub und Sabine ist schon mittags auf dem Weg zum Rendezvous. Unweit vom Wohn- und Tatort sieht sie meinen Firmenwagen am Trottoir stehen, fühlt sich beobachtet und fährt erstmal weg, um drei Stunden später wiederzukommen. Das verschlossene Haus, mein unbekannter Verbleib und die Nichterreichbarkeit des Geliebten veranlassen Sabine, die Putzfrau wegen des Schlüssels und die Polizei zum Absuchen zu rufen.

Lebenslang mit anschließender Sicherheitsverwahrung ... wegen der Schwere der Tat. Der Richter hält mir vor, von dem Verhältnis meiner Frau gewusst zu haben. Schon Monate vorher hätte ich meinen Tatentschluss gefasst, den Nebenbuhler zu töten. Nur aus diesem Grunde ließ ich den Nachschlüssel anfertigen. Und die Pistole hätte ich mir bestimmt bei dem Trip nach Prag auf dem Schwarzmarkt geholt. Das Päckchen Einweghandschuhe, das ich noch morgens in der Drogerie gekauft hatte, schloss die Beweiskette. Klarer Mord.

Unschuldig! Eine Tat, die ich nicht begangen hatte und dessen eigentlichen Täter man nie finden wird.

Autorinnen und Autoren
(soweit zur Verfügung gestellt)

Ulf Ragnar Berlin wurde 1982 geboren, stammt jedoch nicht aus Berlin, sondern aus dem Ruhrpott und dem Westerwald, wo er geboren beziehungsweise aufgewachsen ist. Nach einer Ausbildung zum Glas- und Porzellanmaler lebt er seit 2006 in Darmstadt, wo er Kommunikations-Design an der Hochschule studierte.
Privat betätigt er sich als freischaffender Künstler, Illustrator, Dichter und Kurzgeschichtenerzähler. Fast alle seine Werke, ob Malerei, Illustration, Gedicht oder Erzählung, handeln von morbiden und makabren Themen und sind mit Sarkasmus und Zynismus gespickt.
Seit 2010 ist er Mitglied des WhiteTrain, einer Gruppe freier Autoren und Illustratoren, die sich den Genres Horror, Weird Fiction, Science Fiction und Fantasy verpflichtet fühlt und ihre Werke in Form von selbstproduzierten Literaturmagazinen in Miniauflagen herausbringt und szenische Lesungen in und um Darmstadt veranstaltet.

Klaus Brunn, geboren 1961 in Darmstadt, lebt und arbeitet seit gut fünfzehn Jahren als Freier Autor bei Darmstadt und schreibt hauptsächlich Prosa. 2004–2006 Teilnehmer der Textwerkstatt von Kurt Drawert im Literaturhaus in Darmstadt. 2008 erschien sein erster Roman „Blindgänger – ein Familienidyll“ im Wiesenburg-Verlag. Veröffentlichungen in diversen Anthologien, mehrfacher Preisträger des Literaturwettbewerbs in Stockstadt (zuletzt 2014 der 1. Preis mit „Die sind verrückt, sagte meine Mutter und schickte mich ins Bett"). März 2014 unter den besten 25 Einsendungen beim Agatha-Christi-Krimi-Preis, Fischer Verlag (Das dreckige Schwein). Beiträge in den Anthologien *Von Zeit zu Zeit* und *Schatten, Schauer, Spukgestalten* *Mehr unter: http://buchgaenger.blogspot.com*

Alex Dreppec, geboren 1968, promovierter Psychologe. Neben einem Gedichtband und einem Hörbuch über 120 weitere literarische Veröffentlichungen, unter anderem in Literaturzeitschriften und Anthologien. Darunter auch mehrere Standardwerke (Der große Conrady, Hell und schnell). Zuerkennung des Wilhelm-Busch-Preises (1. Platz) 2004. Auftritte unter anderem in Radio und Fernsehen. Einer der Gründer und Moderatoren der Darmstädter Dichterschlacht. Mehrere Beiträge in den Anthologien des Odenwald-Verlags „Von Zeit zu Zeit“ und „Schatten, Schauer, Spukgestalten“. *Mehr unter: www.dreppec.de*

Hans Heinrich Fengel, geboren 1952, lebt in Babenhausen. Ausbildung für den mittleren Dienst bei der Deutschen Post, ab 1970 AOK Dieburg, später Hessen. Seit 2012 in Altersteilzeit/Ruhestand. Zu seinen privaten Interessen gehört auch das Schreiben von Geschichten. Nahm bereits als Autor an der Anthologie *Schatten, Schauer, Spukgestalten* teil.

Helen Rosemary Hartnagel, geboren 1944 in London, England. Aufgewachsen in Cornwall, Südwestengland. Ausbildung in England und Frankreich. Malt und zeichnet seit frühester Kindheit. Drucke ihrer Bilder sind in vielen Formaten erhältlich. Schreibt seit ihrer Jugend – Fantasy, Abenteuer, Science-Fiction, Belletristik und Kindergeschichten. Wohnt seit über 30 Jahren in Ernsthofen, Modautal. Verheiratet mit einem Deutschen, der vom Niederrhein stammt. Drei erwachsene Kinder. Vorsitzende des Anglo-Deutsch Clubs, Ober-Ramstadt. Mitglied der Schreibwerkstatt Ober-Ramstadt. Beteiligt an der Anthologie *Von Zeit zu Zeit.*

Anne Jahn, 1958 in Darmstadt geboren und dort bis heute lebend. Arbeitete in der Werbung und im Offsetdruck, später in der Altenpflege. In zweiter Ehe verheiratet, zwei Söhne aus erster Ehe, fünf Enkelkinder.
Hat sich schon als Kind gerne Geschichten ausgedacht und aufgeschrieben. Zur Lyrik fand sie erst im späteren Alter

Zugang. Ab 1993 mehrere Veröffentlichungen in der Tagespresse sowie in verschiedenen Anthologien. Ein eigener Gedichtband, *Augenblicke*, erschien 1996 im Neuthor-Verlag in Michelstadt. Mit mehreren Beiträgen in den Anthologien *Von Zeit zu Zeit* und *Schatten, Schauer, Spukgestalten* vertreten.

Gerty Mohr, geboren in Darmstadt-Eberstadt, wo sie heute wieder lebt und schreibt. Sie organisiert und arrangiert Lesungen und Ausstellungen.
Abitur auf zweitem Bildungsweg, Studium der Kunstgeschichte, Archäologie, Komparatistik, Germanistik, Anglistik in Bochum, Essen, Grenoble, Pisa.
Schreibt überwiegend Lyrik; übersetzt aus dem Englischen. Veröffentlichungen in verschiedenen Literaturzeitschriften, Anthologien. Literaturtelefon. Unter anderem Mitübersetzerin von *Smoke / Blue in the face* von Paul Auster. Herausgeberin von *Bretagne*, Bibliophile Taschenbücher, Harenberg, der *Euwwerschter Kunststickscher* (2007) und der Anthologie *Vollzug – Knastliteratur gitterfrei* (2010) im Odenwald-Verlag. Leiterin der Literaturgruppe in der Justizvollzugsanstalt Darmstadt-Eberstadt, Vorstandsmitglied im Verband deutscher Schriftsteller (Hessen), Gründungsmitglied der Literaturgesellschaft Hessen und Redakteurin bei *Mathilde*.

Regina Schleheck, 1959 in Wuppertal geboren - Kindheit in Köln. 10 Jahre in Herford, seit 1996 in Leverkusen wohnhaft
1986 Studium Germanistik, Sozialwissenschaften, Sport in Aachen abgeschlossen.
Geschieden, fünf mittlerweile erwachsene Kinder, Oberstudienrätin an Kölner Berufskolleg. Nebenberuflich Referentin an Erwachsenenbildungseinrichtungen, Autorentätigkeit seit 1999, Lektorat und Herausgeberschaft.
Schwerpunkt Kurzprosa und Hörspiele, aber auch Erzählungen, Drehbücher, Theaterstücke.
Viele Auszeichnungen, viele Veröffentlichungen in Anthologien und Literaturzeitschriften, Hörspiele.

Mehr unter: regina.schleheck.de

Willi Schubach, geboren 1922 in Hagenow/Mecklenburg. Mit sieben Jahren verlor er seine Mutter und lebte dann bei seiner Großmutter väterlicherseits in Landsberg/Warthe. Sie war musikalisch, seine Stärke jedoch zeigte sich beim Schreiben. Aufsätze schrieb er gern, besonders Gedanken über die Natur. Ihr schenkte er seine Zeit, hielt Begegnungen und Eindrücke im Wort fest, sodass es klingt, als sei unsere Landschaft seine zweite Heimat nach der Vertreibung geworden. Schrieb mehrere Gedichte für die Anthologien *Von Zeit zu Zeit* und *Schatten, Schauer, Spukgestalten.*

Liliane Spandl, 1950 in Unterfranken geboren, aufgewachsen in der Pfalz, lebt seit 1977 in Südhessen.
Kaufmännische Ausbildung, Sekretärinnenausbildung und langjährige Tätigkeit in diesem Berufsfeld, zuletzt in Darmstadt. Abitur auf zweitem Bildungsweg, Germanistik-Studium an der TU Darmstadt.
Veröffentlichte Artikel, Glossen und Kurzgeschichten in Zeitungen und Zeitschriften, eine Erzählung, einen Roman und einen Band mit Kurzprosa.
Seit 2005 Inhaberin des Odenwald-Verlags, in dem sie Mundart- und Regionalliteratur südhessischer Autoren herausgibt. *Mehr unter: www.odenwald-verlag.de*

Brigitte Steckel-Quäl, 1940 in Ober-Ramstadt geboren, wo sie auch heute noch mit ihrem Mann lebt.
Besuch der Viktoriaschule in Darmstadt, Ausbildung zur Industriekauffrau und Tätigkeit in der Bauindustrie als Einkaufsleiterin und Direktionsassistentin.
Schrieb schon in jungen Jahren Gedichte und Geschichten. Sieben Gedichtbände und zwei kleine Märchenbücher wurde veröffentlicht, außerdem einige Gedichte und Geschichten in Jahrbüchern, Tageszeitungen und Illustrierten.
Gründete 2007 eine „Schreibwerkstatt“, die eigene Lesungen veranstaltet.
Beiträge in den Anthologien *Von Zeit zu Zeit* und *Schatten, Schauer, Spukgestalten.*

Dr. Klaus-Peter Walter, 1955 in Michelstadt geboren und aufgewachsen. Studium der Slawistik, Philosophie und osteuropäischen Geschichte in Mainz. Freier Literaturkritiker, Lexikonmacher und Krimi-Autor. Werke u.a.: *Das James-Bond-Buch* (1995); *Sherlock Holmes im Reich des Cthulhu* (2008), *Sherlock Holmes und Old Shatterhand* (2012), *Sherlock Holmes und der Werwolf* (2013) sowie *Sherlock Holmes und die Drachenlady* (2014) sowie Hörbücher und zahlreiche verstreut erschienene Kurzgeschichten. Herausgeber des *Loseblatt-Lexikons der Kriminalliteratur LKL*, 82. Ergänzungen (1993-2014) sowie der Säckel-Löb-Wormser-Erzählung *Ein ungelöstes Rätsel* von Arthur Kahn (1993 und 2013). Lebt in Bitburg.

Hanne Weigang, 1955 in Herborn im Dillkreis geboren, lebt seit 1983 in Langen in Hessen. Sie hat zwei Kinder, eine Tochter und einen Sohn.
Inspiriert durch einen Kurs „kreatives Schreiben“ im Jahr 2009 begann sie Kurzgeschichten und Gedichte zu schreiben. War bereits an der Anthologie *Schatten, Schauer, Spukgestalten* beteiligt.

Petra Wieder, 1957 geboren und wohnhaft in Darmstadt. Als gelernter Industrie*kaufmann* (1975 waren Industriekaufleute bürokratisch gesehen Männer) – war sie in den 1970er und 80er-Jahren in diversen mittelständischen Unternehmen als kaufmännische Angestellte, in den 90er-Jahren als Werbe-Assistentin in einem Versicherungskonzern tätig. Nach der Jahrtausendwende machte sie sich selbständig mit ihrem Büroservice „Das Mobil-Büro“.
Seit Ende der 1980er-Jahre verfasst sie launische zeitkritische Gedichte sowie gedichtformierte Vorträge für Anlässe aller Art.